本书获重庆警察学院学术著作出版资助

改革进程中的刑事诉讼程序与证据问题研究：基于警察的视角

谢　波　著

中国人民公安大学出版社

·北　京·

图书在版编目（CIP）数据

改革进程中的刑事诉讼程序与证据问题研究：基于警察的视角 / 谢波著．—北京：中国人民公安大学出版社，2019. 7

ISBN 978 - 7 - 5653 - 3734 - 5

Ⅰ. ①改…　Ⅱ. ①谢…　Ⅲ. ①刑事诉讼—诉讼程序—研究—中国②刑事诉讼—证据—研究—中国　Ⅳ. ①D925. 204

中国版本图书馆 CIP 数据核字（2019）第 180927 号

改革进程中的刑事诉讼程序与证据
问题研究：基于警察的视角

谢　波　著

出版发行：中国人民公安大学出版社
地　　址：北京市西城区木樨地南里
邮政编码：100038
印　　刷：三河市荣展印务有限公司

版　　次：2019 年 9 月第 1 版
印　　次：2019 年 9 月第 1 次
印　　张：14.25
开　　本：787 毫米 ×1092 毫米　1/16
字　　数：215 千字

书　　号：ISBN 978 - 7 - 5653 - 3734 - 5
定　　价：56. 00 元

网　　址：www. cppsup. com. cn　　www. porclub. com. cn
电子邮箱：zbs@ cppsup. com　　zbs@ cppsu. edu. cn

营销中心电话：010 - 83903254
读者服务部电话（门市）：010 - 83903257
警官读者俱乐部电话（网购、邮购）：010 - 83903253
综合分社电话：010 - 83901870

序

谢波博士一再要求我为其新书作序，我感到非常惊讶。

这显然不符合规矩。请人作序，一般请的是名家、大家，或者至少是学术领域内有点影响的人。给人作序，也免不了这个套路，写序之人不能是藉藉无名之辈，至少在学术上有一定成就，才有资格给人作序。我两者都不沾边，所以惶恐至极。我很难为情，于是跟谢波兄有了几句对话：

问：你开玩笑吧？你应该找……

答：你觉得找个挂名的，然后自己写，有意思吗？

问：你图啥？

答：啥也不图。就图兄弟情！

既然如此，写几句也无妨。

都说学术江湖，江湖学术。学术上有同道，江湖上有朋友。很多时候，我们分不清是在学界，还是在江湖。我跟谢波兄是学术江湖里的朋友。

谢波兄与我同年考进云南大学攻读博士。我读社会学，他读法学。在一个班上公共课，且住在同一层楼，是隔壁邻居。虽然专业不同，但志趣相投，求学期间几乎形影不离。在云大读书时，我们最大的嗜好就是在晚饭之余，绕着翠湖走一圈，边走边讨论杂七杂八的问题。有人调侃道：你俩是我们博士楼里关系最亲密的。

虽说是同一届博士，我们的经历颇为不同。我边工作边读书，读博士之前，已经换了几个单位、跑了几个地方，走了一些弯路，多了一点阅历。谢波兄却是一鼓作气，本硕博一口气拿下来，而且每个阶段的专业都不一样。表面看来，学术之路不太连贯，但却使他拥有跨学科的优势。因此，他分析问题时常常显得视角独特、思路新颖。他的论文总保持一种细腻流畅的特点。

学科之间是有壁垒的，一般人很少会花大量时间精力去阅读另一个领域的文献。几年前，谢波兄把他出版的博士论文寄给我，我耐心地翻了一遍，感慨一个没有史学背景的人，把法制史做得如此细致扎实，实在难得。这得益于他独到的研究风格：对每一个论题都认真思考，收集大量资料，再作出缜密分析。这种研究风格帮助他于博士毕业后，在繁重的教学和行政事务之余，笔耕不辍，写出了一系列文章。此书便是这些成果的一部分。

1917 年 11 月 7 日，马克斯·韦伯在德国的慕尼黑大学向青年学子们作了《科学作为志业》的著名演讲。在演讲中，他提出了一个沉重的问题：您是否确信，年复一年地眼看着一个又一个平庸之辈踩过自己的肩膀，自己还能够忍受，既不怨怼，也不沮丧？国学大师王国维亦在《人间词话》中叹息：古今之成大事业、大学问者，必经过三种之境界：第一境界，“昨夜西风凋碧树，独上高楼，望尽天涯路”；第二境界，“衣带渐宽终不悔，为伊消得人憔悴”；第三境界，“众里寻他千百度，蓦然回首，那人却在，灯火阑珊处”。欲在学术上有所成就，需要耐得住寂寞、守得住清贫，付出常人难以企及的辛劳。古今中外，概莫能外。非常钦佩谢波兄已具备优秀学者的一些品质。假以时日，会有更多的佳作问世。

陈立周

2019 年 8 月 15 日于长沙

导 言

当下中国正处于一个改革的时代，一个变化的时代，一个伟大的时代，改革创新已成为这个时代的主旋律。笔者正是在此背景下，以一个警察的眼光和视角，运用法律人的思维方式，观察中国刑事诉讼，并对刑事诉讼制度改革及其有关问题进行了思考。

提及刑事诉讼，便想到德国著名法学家拉德布鲁赫的名言——“如果将法律理解为社会生活的形式，那么作为‘形式的法律’的程序法，则是这种形式的形式，它如同桅杆顶尖，对船身最轻微的运动也会作出强烈的摆动”。[①] 从中可以清楚地看到《刑事诉讼法》的作用，及其同法治文明演进之间的紧密关联。近年来，我国刑事诉讼深嵌在全面依法治国、全面深化司法体制改革等一系列时代话语体系中，并处于持续改革实践的过程中。从 1979 年《刑事诉讼法》颁布，到 1996 年《刑事诉讼法》修正，到 2012 年《刑事诉讼法》再次修正，再到 2018 年《刑事诉讼法》第三次修正，显示出我国刑事诉讼制度的变迁历程，其中既有技术意义的改进，也有较大规模的制度变革。正如左卫民教授所指出的，纵观改革开放 40 余年的四部《刑事诉讼法》，“1979 年刑诉法的开创性意义值得充分肯定，1996 年刑诉法鲜明的改革性值得重视，2012 年刑诉法意味着中国刑诉制

---

① ［德］拉德布鲁赫：《法学导论》，米健译，商务印书馆 2013 年版，第 170 页。

度建设进入新平衡时代，2018年刑诉法对‘试验性立法’的肯定在一定程度上标志着立法技术的某种转型，‘技术时代’似乎到来”。[①] 总体而言，我国刑事诉讼制度的这些变革可以被看作是对刑事诉讼制度尚不尽完美的一种持续性回应。

当然，不尽完美的刑事诉讼制度表现出了多种面向，其中，常被学界诟病的一条就是制度设计导致的“以侦查为中心”（亦称“侦查中心主义”）的刑事诉讼模式。对于何谓“侦查中心主义”，陈瑞华教授作过细致的阐释，其基本面向为：“相对于审判程序而言，侦查程序在整个刑事诉讼中居于中心地位，侦查机关所收集的证据以及所认定的案件事实，既是公诉机关提起公诉的依据，也是法院作出裁判的根据。在一定程度上，法庭审判无非就是对侦查结论的审查和确认过程而已，已然失去了对案件事实的重新探究能力。”[②] 至于“侦查中心主义”产生的负面影响，陈瑞华教授分析认为：“这一诉讼构造（指‘侦查中心主义’的诉讼构造）会直接带来法庭审理的形式化，使所谓的‘庭审实质化’成为一种遥不可及的理想；它会导致法院在作出无罪判决时失去权威性和独立性，甚至会普遍接纳一种‘留有余地的裁判方式’，从而造成一系列的刑事误判；它会造成刑事法官无法保持中立性，难以保证被告人进行有效的辩护，从而带来程序上的非正义。不仅如此，由于没有中立的司法机关主导整个审判前活动，案件的程序分流和程序过滤就无从谈起，大量的程序性争议问题得不到及时解决，从而大大影响刑事诉讼的效率。”[③] 而集中体现这种负面影响的，可以说就是刑事冤错案件的发生，以及防范与纠错机制的乏力。

---

① 左卫民：《改革开放与中国刑事诉讼制度的立法变革》，载《西南民族大学学报（人文社科版）》2019年第4期，第75页。

② 陈瑞华：《司法体制改革导论》，法律出版社2018年版，第325页。

③ 陈瑞华：《司法体制改革导论》，法律出版社2018年版，第351页。

对我国发生的刑事冤错案件，不少学者已经作了精深的研究，典型者如陈永生教授持续十余年研究冤案问题，他以我国30起重大冤错案件为样本，分析检视，进行中外比较，对“冤案之成因”“冤案之救济”和“冤案之防范”作出详细的阐释。① 又如，早些年，何家弘等学者对滕兴善案、石东玉案、杜培武案、李久明案、孙万刚案、佘祥林案、赵作海案、张氏叔侄冤案、萧山命案、李怀亮案等十大冤案进行深入研究，在此基础上提出中国刑事司法的十大误区。② 不得不说，这些冤错案件的发生和刑事诉讼制度及其运行中的某些致命缺陷有着极大的关系。再如，何家弘教授在分析滕兴善冤案时指出司法的五个误区，即违背规律的限期破案、由供到证的侦查模式、屡禁不止的刑讯逼供、科学证据的不当解读、主观片面的调查取证。③ 此外，学界基本达成的共识还有，在现行制度框架内冤案的纠正非常困难，许多冤错案件得以被发现和纠正的原因具有相当的偶然性，主要是“亡者归来”和“真凶再现”。

为推动解决这些问题，2014年10月，党的十八届四中全会审议通过《中共中央关于全面推进依法治国若干重大问题的决定》（以下简称《决定》），提出了推进以审判为中心的诉讼制度改革。这里，有必要赘写一下《决定》中的这段表达：“推进以审判为中心的诉讼制度改革，确保侦查、审查起诉的案件事实证据经得起法律的检验。全面贯彻证据裁判规则，严格依法收集、固定、保存、审查、运用证据，完善证人、鉴定人出庭制度，保证庭审在查明事实、认定证据、保护诉权、公正裁判中发挥决定性作用。”“以审判为中心”具有丰富的内涵，而这项改革之所以十分重要，正如有些学者分析指出的：

① 陈永生：《刑事冤案研究》，北京大学出版社2018年版，第3－335页。

② 何家弘主编：《迟到的正义：影响中国司法的十大冤案》，中国法制出版社2014年版，第1－311页。

③ 何家弘：《亡者归来：刑事司法十大误区》，北京大学出版社2014年版，第25－118页。

“‘以审判为中心’的诉讼制度改革是一项意义深刻的改革，其所改变的不仅仅是何为刑事诉讼的中心，更重要的是，应该采用何种刑事诉讼的方式。因此，这项改革对于我国刑事诉讼的体制、程序、诉讼主体间的关系等诸多方面都将发生深刻影响，以此积极推动我国刑事程序法治的发展。”① 同时，审判作为整个刑事诉讼的“中心”，“必须坚决守住防范冤假错案的底线，用依法独立公正的审判把好最后一道关，切实维护司法公正”，而“坚决守住防范冤假错案的底线，不仅是我们刑事审判部门和法官应尽的职责，也是由司法审判的最终判断性质所决定的”。② 当前，这项改革已经跨越单个部门，成为公安司法系统达成的一种基本共识，更加具体地体现到十八届四中全会后，由最高人民法院、最高人民检察院、公安部、国家安全部、司法部联合出台的《关于推进以审判为中心的刑事诉讼制度改革的意见》(2016 年 10 月 11 日施行)、《关于办理刑事案件严格排除非法证据若干问题的规定》(2017 年 6 月 27 日施行)、《关于依法保障律师执业权利的规定》(2015 年 9 月 16 日施行)、《关于开展法律援助值班律师工作的意见》(2017 年 8 月 27 日施行) 等相关制度规范中。而在目标追求上，改革决策层也反复提到，要努力让人民群众在每一项执法活动、每一起案件办理中都能感受到社会的公平正义。

以上这些清晰表明，“以审判为中心”正在逐步由一种理念，转变上升为制度表达，进而落地成为司法实践。尽管理念的指引功能可能受阻，制度设计的初衷可能落空，如有学者所谓的“排除非法证据的乌托邦”；③ 也完全可能出现制度表达与司法实践相背离的窘境，甚至出现“实践是一回事，理论、表达或制度是一回事，但是在实

---

① 王敏远、杨东亮等：《重构诉讼体制：以审判为中心的诉讼制度改革》，中国政法大学出版社 2016 年版，第 1 页。

② 沈德咏：《我们应当如何防范冤假错案》，载《人民法院报》2013 年 5 月 6 日第 2 版。

③ 王超：《排除非法证据的乌托邦》，法律出版社 2014 年版，第 391 页。

践历史中并存、互动、结合和背离，则又是另一回事”① 的更为复杂多维的情形。从现代司法文明发展进步的基本趋势看，审判这个“中心”无疑是不能被随意撼动的，它必须非常稳固。这里可以借用前面拉德布鲁赫的比喻，尽管不算非常准确——居于“中心”的审判“如同桅杆顶尖”，其对刑事诉讼（包括所追求的公平正义价值）这个“船身”，“最轻微的运动也会作出强烈的摆动”。

本书共十一章内容，大致可以分为“中心”和“边缘”两大块。所谓“中心”，正是受到当前“以审判为中心”的刑事诉讼制度改革启发想到的，而与“中心”相对的自然是“边缘”。申言之，“中心”与“边缘”主要体现两层意思：第一，在笔者眼中，“以审判为中心”缺少一个主语，即什么要以审判为中心？笔者认为很重要的就是侦查，较之审判这个“中心”，侦查自然成为“边缘”。第二，相对于长期以来居于“中心”的研究问题，同刑事诉讼有关的一些“冷门”问题又成了“边缘”。本书讨论时常穿梭于刑事诉讼的“中心”与“边缘”之间，而一些“边缘”问题如刑事拘传、扭送、公安现场执法等，看似远离“中心”，却也不可忽略。笔者坚信美国大法官道格拉斯“正是程序决定了法治与恣意的人治之间的基本区别”的理念，也十分赞同季卫东先生强调的现代程序具有“对于恣意的限制”“理性选择的保证”“‘作茧自缚’的效应”“反思性整合”等一系列重要意义。② 因此，全书十一章实为十一个主题，主要以刑事程序与证据及其相关问题为中心展开讨论。

在本书研究的取向上，笔者坚持基本的“问题意识”，努力追求陈瑞华教授所言“开创性的法学研究”。而这种研究有两个基本特征：一是敏锐地发现中国本土的法制经验，并对这种经验作出深入的

---

① 黄宗智：《过去和现在：中国民事法律实践的探索》，法律出版社 2009 年版，第 19 页。

② 季卫东：《法律程序的意义》（增订版），中国法制出版社 2012 年版，第 23－34 页。

总结和概括；二是在总结中国法制经验的基础上，提出一般性的概念和理论，从而对这种经验的普遍适用性作出令人信服的论证。① 尽管并未实现开创性研究要求的“惊心动魄的跳跃”，但本书无疑将作为一个良好的开端，伴随笔者持续推进刑事诉讼法学、证据法学研究。

谢 波

2019 年 6 月

① 陈瑞华：《刑事诉讼的中国模式（第 2 版）》[（惊心动魄的跳跃（第 1 版序言）]，北京大学出版社 2010 年版，第 7 页。

目 录

第一章 审判中心主义视域下公安机关侦查取证的问题及其改革

本章提要

审判中心主义作为一个内涵丰富的学术范畴，在党的十八届四中全会后正式成为新一轮司法体制改革、全面深化公安改革的核心任务之一，其与侦查取证具有密切关联。在审判中心主义视域下审视当前公安机关之侦查取证工作，在思维理念、侦查取证行为、执法制度机制等方面仍存在一些问题。公安机关可从重构刑侦理念、改进侦查取证工作、加大科技信息投入、健全完善执法责任体系等方面综合着力改革应对，以促成改革任务落地见效。

侦查取证是刑事诉讼的一个重要环节，日本法学家田口守一精辟指出其目的乃“保全犯罪的证据、保全犯罪嫌疑人的人身”。[①] 在我国既有的侦查中心主义模式下，侦查取证活动容易发生异化，直接导致了一些问题产生，这些问题甚至成为冤假错案之肇因。在审判中心主义视域下，公安机关的侦查取证工作面临极大挑战，具有日益规范

① ［日］田口守一：《刑事诉讼法》（第5版），张凌、于秀峰译，中国政法大学出版社2010年版，第29页。

化、精细化之倾向。然而受惯性思维和理解偏差的影响，公安机关侦查取证在当下刑事司法实践中仍存在不少问题。本章以审判为中心的诉讼制度改革时代背景，在理论梳理和实证调研的基础上，[①] 立足当前公安机关侦查取证工作，阐释审判中心主义之内涵，分析面临的问题并提出改革应对之策。

一、审判中心主义及其与侦查取证的关联

对于审判中心主义之内涵问题，学界早有研究。此前，孙长永教授的阐释颇具代表性：审判中心主义是指审判是决定国家对特定个人有无刑罚权，以及刑罚权范围的最重要阶段，这也是司法最终解决原则在刑事诉讼中之具体表现。[②] 自党的十八届四中全会《中共中央关于全面推进依法治国若干重大问题的决定》（以下简称《决定》）从决策层面正式提出“推进以审判为中心的诉讼制度改革”后，较为学术化的审判中心主义又常以“以审判为中心”来指称，[③] 这一范畴亦日渐成为理论和实务界探讨的一大热点问题，各种观点纷呈。譬如，陈光中教授指出，审判中心之内涵可通过三个维度来解读，即由法院行使最终认定被告人有罪与否的权力、庭审实质化并起决定作用、侦查和起诉（虽有相对独立性）为审判的准备阶段；[④] 樊崇义教授提出，以审判为中心强调审判在整个刑事诉讼程序中的中心地位，

---

① 2016 年 7 至 9 月，笔者对一些公安机关的刑侦、法制等部门和派出所通过实地走访、个别访谈、翻阅案卷和文件等形式进行了初步调研，收集掌握了论文相关信息资料。为遵循学术惯例，本章对调研所涉公安机关和民警进行了模糊处理。

② 孙长永：《审判中心主义及其对刑事程序的影响》，载《现代法学》1999 年第 4 期，第 93 页。

③ 早些年，有学者在研究侦查权问题时提出颇具前瞻性的“建立以审判为中心的大审前程序”的建议，这与当前的改革是相契合的，也说明了这一范畴在理论与实务间的勾连。参见徐美君：《侦查权的运行与控制》，法律出版社 2009 年版，第 29－33 页。

④ 陈光中、步洋洋：《审判中心与相关诉讼制度改革初探》，载《政法论坛》2015 年第 3 期，第 121 页。

强调把事实认定和证据采信限定在审判阶段；[①] 朱孝清教授认为，以审判为中心表明庭审在查明事实、认定证据中的决定性作用，但并不意味着庭上证据与审前证据不一致时以庭上证据为准；[②] 沈德咏大法官从诉讼制度改革角度，指出以审判为中心的实质是在诉讼全过程实行以司法审判标准为中心。[③] 这些观点无疑强调了审判之权威性：对整个刑事诉讼程序的统摄作用和对案件处理结果之决定作用，若将这些认识表达的信息稍加延展，同长期以来学界对“侦查中心主义（以侦查为中心）”弊端的基本认知作一比较，则可更加清晰地看到“两种主义”间的界别，大致如表1所示：

表1 审判中心主义与侦查中心主义之界别

两种主义 / 差异点	审判中心主义	侦查中心主义
侦查权运行	司法审查	侦查失控
证据使用	证据裁判原则	口供中心主义
控辩关系	控辩平等	控辩失衡/辩护形式化
庭审状态	直接言词原则/庭审实质化	案卷笔录中心主义/庭审虚化
司法结局	司法公正	司法不公/冤错案件发生

通过上表之比较并结合各界言说和改革政策指向，审判中心主义与侦查取证显然具有十分密切的联系。学者们在论证审判中心主义时无不提及证据，而《决定》在言及以审判为中心时对“证据”一词的高频使用（共使用4次），更是深刻揭示了两者间的关联。2016年

① 樊崇义、张中：《论以审判为中心的诉讼制度改革》，载《中州学刊》2015年第1期，第54页。

② 朱孝清：《略论“以审判为中心”》，载《人民检察》2015年第1期，第8页。

③ 沈德咏：《论以审判为中心的诉讼制度改革》，载《中国法学》2015年第3期，第7页。

7月“两高三部”联合印发的《关于推进以审判为中心的刑事诉讼制度改革的意见》（以下简称《改革意见》）和2017年2月最高人民法院出台的《关于全面推进以审判为中心的刑事诉讼制度改革的实施意见》（以下简称《实施意见》）中，不少都和侦查取证直接相关，如坚持证据裁判原则、建立健全证据收集指引、完善讯问制度、完善补充侦查制度、完善证据认定规则等。“两高三部”负责人在解读《改革意见》答记者问时说，这一改革不仅对庭审提出了要求，同时，强调从刑事诉讼源头开始，就必须按照裁判的要求标准，全面、规范地收集、固定、审查、运用证据，确保案件裁判公平正义。这足见当前公安司法机关已对侦查取证要以审判为中心达成了起码的共识。

与以审判为中心的刑事诉讼制度改革相适应，当前国家强力推进的全面深化公安改革也将其列为一项重要任务。2015年年初，中央审议通过的《关于全面深化公安改革若干重大问题的框架意见》及配套改革方案，明确要求公安机关要围绕这一改革，适应证据裁判规则要求，完善证据收集工作机制。此后，各地公安机关积极探索实践，力促改革任务落地见效，如某市公安机关在其制定的《推进以审判为中心的刑事诉讼制度改革的工作意见》中，将规范刑事案件侦查取证作为改革重点内容之一，并把全面、客观、及时收集案件相关证据、非法证据排除、讯问同步录音录像、涉案财物规范管理、技术侦查证据的收集、使用及庭外核实等列入改革项目清单。鉴于长期以来我国侦查中心主义之传统，公安侦查取证形成的案卷笔录普遍被法院视为具有“天然证据能力的证据”和“优势证明力的裁判依据”，[①] 从而对审判程序具有决定性影响和作用。其最大负面效果就是侦查权失控下的非法取证，导致冤错案件出现，如已平反昭雪的湖

① 陈瑞华：《刑事诉讼的前沿问题》（下册），中国人民大学出版社2016年版，第539页。

北佘祥林案、内蒙古呼格吉勒图案、云南钱仁风案、河北聂树斌案等冤假错案，就清晰展示了公安侦查取证“起点错”、检法运用证据“跟着错、错到底”之刑事司法逻辑。而这种逻辑背后则呈现出最高人民法院在发布《实施意见》时所言之“定放两难”的境地，即法院一旦受理达不到法定证明标准的案件，若勉强裁判，既违反法律规定也易导致冤假错案，如果依法放人，又难以承受放纵罪犯的质疑等巨大压力。以审判为中心的诉讼制度改革正是为了打破传统、摆脱困境，从源头上防止冤假错案，促进司法公正。诚如有学者所指出，司法遭遇信任危机的本质，就是司法不公正问题，以审判为中心本身并不是目的，以公正为中心才是真正的目的。[①] 在刑事诉讼日益强调人权保障的今天，改革势必会对公安侦查取证产生深刻的影响。

二、审判中心主义视域下公安机关侦查取证的问题

当前，公安机关虽然正着力推进以审判为中心的诉讼制度改革，但是整个诉讼模式毕竟面临从“侦查中心主义”向“审判中心主义”逐步过渡，证据裁判规则之理念精神还未有效贯穿诉讼全过程，这势必会带来两种迥异诉讼模式冲击、碰撞之阵痛。面对以审判为中心对侦查取证之规范性、合法性提出的更高要求，公安机关侦查取证活动尚存在一些突出问题，还不能完全适应改革之新期待，归纳起来至少有以下三大方面。

首先是在思维理念方面，侦查中心主义支配下的“有罪推定”“重实体、轻程序”“重破案、轻办案”等思维理念没有完全转变，侦查取证思维理念的法治化程度不够。黑格尔曾阐释理念这一范畴，“如果不是某种式样的理念，任何东西都不能生存”，而“法的理念

① 王敏远、杨东亮等：《重构诉讼体制：以审判为中心的诉讼制度改革》，中国政法大学出版社 2016 年版，第 22、30 页。

是自由”。[①] 何家弘教授在研究刑事错案问题时说，刑事司法力求实体公正和程序公正之统一，在现代法治国家“‘公平审判’和‘正当程序’是刑事司法活动的两项基本要求”。[②] 从刑侦理论上讲，侦查乃运用“回溯式”思维复原案件事实信息之过程，其在思维形式上，通常表现为一种提出假说、验证假说的反复过程。在具体运用侦查假说尤其是“作案人假说”时，侦查人员出于高效追诉之惯性思维，很容易产生“确证偏见”——偏执地相信有待论证之侦查假说，对其满足于确证而不加以反思，亦拒绝承认其他的可能性解释，甚至不惜伪造证据和非法取证——而“有罪推定”又显系“确证偏见”之逻辑必然。笔者调研发现，在侦查取证过程中，大部分案侦民警职业习惯使然，对待犯罪嫌疑人存在一种先天的对抗心理，往往侦查阶段即在思维理念上将犯罪嫌疑人定性为“犯人”，侦查取证自然仅限或偏向于收集犯罪嫌疑人有罪、罪重的证据，忽略或舍弃无罪、罪轻之证据。在这些思维理念的影响下，长期以来，公安侦查取证实际上已形成一种以“破案”为中心的固化模式，于是不少案侦民警更多把工作重心集中于破获案件和抓获犯罪嫌疑人，对破案后全面、及时、准确地收集固定证据和建立完备证据体系的认识不足、水平不高。由此带来的后果是，在司法实践中，或因程序缺失或证据瑕疵，使本具客观真实性的证据材料无法进入诉讼程序或被排除，或使本有证明价值的证据减弱或丧失了证明力，最终导致案件不能正常移送起诉和对被告人判刑。此外，侦查中心主义衍生出的一些“警察特权”[③] 还一定程度地存在，譬如，审判中心主义要求庭审实质化，自须贯彻直接

---

① ［德］黑格尔：《法哲学原理》，范扬、张企泰译，商务印书馆 1961 年版，第 1－2 页。

② 何家弘：《亡者归来：刑事司法十大误区》，北京大学出版社 2014 年版，第 230 页。

③ 龙宗智教授曾把警察不作证视为一种“警察特权”，并将其与“证人向警察和检察官作证，不向法庭作证”“证人不出庭，庭审中书面证言通行无忌”并称为中国作证制度三大怪现状，反映了我国司法制度审判公正、人权保障和法治权威观念的缺失，背离了审判中心主义之理念精神。参见龙宗智：《理论反对实践》，法律出版社 2003 年版，第 192－199 页。

言词原则，但现实状况却是不少案侦民警仍“有权”和习惯于“幕后”办案，很少真正走入“前台”参加庭审，即便出庭也不习惯用法律思维思考和法言法语表达。

其次，在侦查取证行为方面，其主要表现为“由供到证（口供中心主义)”办案模式下，将侦查取证之重点放在获取犯罪嫌疑人口供而非物证、书证等证据的收集上，同时，由于侦查人员主观或客观方面的原因，收集证据、查明案情在程序上往往存在缺陷，公安基层一线有人作了不完整却很形象的归纳——“证据发现不了、提取不了、固定不了、鉴定不了”。这致使一些案件因证据、程序问题被反复退侦退补，而出现此类情况无疑会降低诉讼效率、增加诉讼成本、侵犯当事人的合法权益进而破坏司法之公平正义。调研发现，某基层公安机关内部印发“刑侦口袋书”，提及影响办案质量的七类侦查常见“致命”缺陷，包括：侦查人员应回避未回避；同一侦查人员在同一时间段讯问不同的犯罪嫌疑人；证人担任保证人；侦查实验程序不合法；扣押赃款、赃物不出具正式扣押清单；保证人和保证金保证两种方式共用；犯罪嫌疑人量刑材料不及时送审等。笔者翻阅一件交通肇事案卷宗发现，为查明事故双方的责任，侦查人员进行了实验，但案卷中并无公安局局长批准材料，这显然已违反《刑事诉讼法》第135条之规定。访谈中有案侦民警告诉笔者，在一起曾由其经办的妨害公务案中，由于取证不全面，只调取了有利于其中一方当事人的证人证言，未调取有利于另一方当事人的证人证言，后来辩方律师当庭提出此项要求，并要求新的证人出庭，导致案件延期审理，给公诉造成了被动。需要指出的是，在侦查取证过程中还存在一些介于合法与非法之间、隐蔽性较强的“灰色行为”，这些行为如外国学者在实证研究中指出，能使“警察有很多种方法将法律运作成为一种‘万能钥匙式’的控制体系”。[①] 如一位资深刑侦民警告诉笔者，在上级的破案压力下，为了尽快取得口供，他曾在一起抢夺案中讯问犯罪嫌疑人（有多次犯罪前科）时，以公安机关为其开具“有利”说明材料为筹码，成功使犯罪嫌疑人交代了另一同案犯的信息。

此外，调研还发现，在对证据认识和待证事实心证的形成方面，公安司法机关不一致的情形也较为突出，一定程度上影响着司法公正。比如，王某涉嫌入室盗窃案中，侦查人员在室内地板上提取到足印一枚，经鉴定，认定该足印系王某所留，但王某被抓获后拒不承认到过案发现场，后公安机关以涉嫌盗窃罪报捕，检察院以涉嫌非法侵入住宅罪批捕，最后法庭又以盗窃罪作出裁判。又如，周某涉嫌的四起入室盗窃案中，案发现场均提取到指纹，经比对认定与周某同一，其中一起经比对认定牛奶吸管上的 DNA 亦为周某所留，但公安机关向检察院提请批捕，却被以“证据不充分”为由不批捕。而与检察官认为这些现场证据（为间接证据）无法证明犯罪嫌疑人实施了盗窃不同的是，侦查人员颇为不解地告诉笔者，本案虽无直接证据，但四个案发现场都为封闭空间（并非公共区域），犯罪嫌疑人与被害人互不认识且不能合理解释为何出现在现场，对此完全可以得出其实施盗窃之结论。

最后，在公安执法制度机制方面，近年来，为适应以审判为中心的诉讼制度改革，公安机关加大了清理、修订、出台执法制度的力度，但同执法办案之实际需求相比，仍存在一些突出问题。一是一些传统、实用的刑侦工作做法未能及时由内部制度上升为部门规章，例如，公安密侦工作经验做法多为言传身教、内部规范或领导批示，得不到检法机关的认可，影响了刑侦工作之效能，而一旦诉讼程序受阻，公安机关往往会求助政法委协调检法机关，以“先定后审”保

---

① Doreen J. McBarnet. Conviction: Law, the State and the Construction of Justice. London: Macmillan Publishers Ltd., 1981, p. 409.

证侦查结论过关。二是证据收集管理机制不规范，如公安基层一线单位尽管基本都配有物证室，但一些侦查人员为避免出入库之麻烦，仍然习惯于自行保管，致使物证室形同虚设，物证“专人专管”制度并未真正落实。若对收集提取的物证不加妥善保管，则可能给侦查结束后案件移送起诉带来困难，并影响到后续庭审工作的顺利进行。三是监督考评机制不尽健全完善，当前，执法监督针对结果的监督较多，对过程监督不够，通过监督及时制止权力滥用、纠正错案，以实现系统内部自我纠错的功能较弱。同时，执法工作绩效考评不科学，广泛存在“立案数”“结案数”“破案率”等考核指标。有学者指出，把这种纯粹的数字评价运用到刑事司法领域是有失偏颇的，既未充分考虑刑事司法工作之特殊性，也不符合公共组织绩效考评指标设计的一般原理。[①] 调研中，一些案侦民警无奈地告诉笔者，现在办案压力很大，既有“破案”（大要案件则是“必破”）的行政压力，又有来自“民愤”的社会压力，一旦翻案可能还将面临“追责”的压力。

三、审判中心主义视域下公安机关侦查取证的改革

上述问题的出现，从某种意义上讲是我国《刑事诉讼法》历经几次修正后，刑事诉讼模式仍系“以强职权主义为基调的混合式诉讼”[②] 的逻辑延续，而这正是与司法体制改革顶层设计层面强调以审判为中心之原则理念相背离的。审判中心主义无疑会对公安侦查取证工作带来不小的挑战，如侦查权之行使模式、侦查取证结果之认定、侦查取证成本等方面。面对这些新挑战，公安机关可从以下几方面综合着力改革应对，以使侦查取证达到如一些公安机关提出的“抓得

① 郭松：《组织理性、程序理性与刑事司法绩效考评制度》，载《政法论坛》2013 年第 4 期，第 74 页。

② 汪海燕：《我国刑事诉讼模式的选择》，北京大学出版社 2008 年版，第 154 页。

住、捕得了、诉得出、能判刑”之刑侦目标。

第一，重构公安刑侦之理念，把证据裁判规则的精神实质贯穿侦查取证全过程。侦查取证对公正审判具有重要影响，台湾地区学者林钰雄深刻指出，侦查错误具有不可弥补性，错误裁判之最大肇因就是错误侦查，“再好的法官、再完美的审判制度，往往也挽救不了侦查偏差所造成的恶果”。[①] 在侦查中心主义诉讼模式下，公安侦查取证活动之“由人到案”“抓人破案”“口供定案”等理念思维被固化，相反以审判为中心的诉讼制度改革则提出，侦查取证应向“证据定案”转变之新要求。这种转变意味着对“由供到证”之彻底否定，强调弱化办案对口供的依赖，构建侦查活动中“综合性”（不片面看重口供之作用）的证据收集运用模式。而同“证据定案”密切联系的一个重要原则就是证据裁判原则，一般认为，此原则构成要素有三：一是认定案件事实只能以证据作为根据；二是证据为具备证据资格之证据；三是证据须经法庭调查并查证属实。司法实务界提出证据裁判原则，一方面要求证据能力应优先审查，另一方面要求审查判断证据坚持“四要四不”，即要重视客观证据、证据分析、调查研究、证明标准，不轻信口供、不主观臆断、不轻信经验和不心存侥幸。[②] 由此可见，这一原则从表面上看适用于审判阶段，实际上亦是对侦查取证提出的理念遵循，公安侦查取证要实现以审判为中心，经得起审判的实质检验，原则之内涵精神自当在此过程中一以贯之。笔者调研收集的一件某公安局《关于推进以审判为中心的刑事诉讼制度改革工作方案》中的“总体要求”提出：“通过落实以审判为中心的刑事诉讼制度改革，促进公安机关在刑事案件侦查过程中，按照审判时的证据认定规则和标准去收集证据，并指导公安机关整个侦查行为的展

① 林钰雄：《检察官论》，法律出版社 2008 年版，第 7 页。

② 沈德咏主编：《严格司法与诉讼制度改革：推进以审判为中心的刑事诉讼制度改革策论》，法律出版社 2017 年版，第 30 – 33 页。

开，不断提升公安机关刑事案件侦查水平和能力，有效防范冤假错案发生，努力实现让人民群众在每一起案件中感受到公平正义。”此要求可谓侦查取证必须坚持证据裁判原则的实践注脚，也是为何《改革意见》在提及严格依证据裁判要求认定犯罪事实时，要求侦查机关侦查终结、检察院提起公诉、法院作出有罪判决皆应做到犯罪事实清楚和证据确实、充分。

第二，更加注重程序正义，持续深入改进公安侦查取证工作并健全完善相关制度机制。美国法学家帕克在论述刑事诉讼“正当程序”模式时，提出这一模式需实现的功能平衡，即“寻求事实之功能应受限和服从于维护个人的尊严与自治”。[①] 侦查程序所具有的封闭性、秘密性、单向性等特点，极易出现公安机关滥用侦查权之问题，从而形成对作为“看得见的正义”的程序正义之实际减损。对此，关键要扭转为破案“不择手段、不问是非”的认识，有效应对非法取证问题。具体而言，侦查人员在收集、审查证据时，应按照审判时证据认定之规则和标准，衡量证据是否符合客观事实、是否符合法定程序，即侦查人员不应仅满足于“案卷证据”，而应从收集的证据是否经得起法庭质证、最终能否被法庭采信的角度审视。作为主办侦查员，应动态掌控全案证据体系，及时发现证据间是否存在矛盾、取证程序是否存在瑕疵，并尽快补强证据，排除合理怀疑。而这些都有赖于与改革任务相配套的公安侦查取证制度机制的保障。

笔者调研发现，当前不少公安机关制定了非法证据排除办法，如某市公安局制定的《侦查阶段非法证据认定排除办法》，从非法证据之类型、调查认定和排除的程序、责任追究等方面作了规定；多数公安机关还出台了侦查人员出庭作证（或说明情况）规范，如某省公安厅出台了《公安机关侦查人员出庭作证或说明情况工作规定》，对

---

① Hebert L. Packer. The Courts, the Police, and the Rest of US. Journal of Criminal Law Criminology & Police Science, 1966, 57 (3): 238 -239.

出庭和不出庭的范围、出庭前准备、出庭程序、违反规定承担的责任等进行了规定。[①] 这些制度机制都是公安机关应对改革进行探索实践的有益举措，此外，公安机关应紧盯刑事诉讼中受案立案、现场勘查、讯问询问、查封扣押、涉案财物（物证）管理等易出问题环节，聚焦以审判为中心之改革任务，进行体系化的配套制度机制建设，进一步细化完善操作标准，压缩非法侦查取证之制度空间。当然，针对公安侦查取证工作之新要求，还应通过法制大讲堂、完善旁听庭审制度、案例分析点评会等多种形式，开展系统的刑侦培训，促使侦查人员全面熟悉非法证据排除规则之内容程序，以强化案侦民警的证据意识、程序意识和诉讼意识，切实提升依法侦查取证的能力水平。

第三，加大公安科技和信息化投入，着力提高侦查取证工作的科技含量。现代科技信息高速发展犹如一把“双刃剑”，既为公安侦查取证带来了机遇，也为犯罪提供了便利，这对公安刑侦工作来说无疑是一种挑战。例如，有学者指出，在当今大数据时代，大数据技术及其思维范式会对案件相关证据收集方法、范围乃至采信规则产生影响。[②] 对此，公安机关要摆脱主要依赖警力投入和加班加点堆砌的初级侦查取证方式，加大公安科技与信息化投入，提高刑侦工作专业化水平。在刑事案件管理流程上，应充分利用信息化技术，围绕“警、案、物、人、卷”等关键要素，渐进实现案件全程信息化管理，调研发现，有公安机关已通过建立的案件管理中心，将案件信息录入“案件管理信息系统”并启动案件跟踪管理机制，实现案件进展、案卷材料、办案责任、涉案物品、侦破方向“五个清楚”；而在涉案财

① 在极为强调法院和法官权威的美国，也对警员出席法庭作了严格的程序规定，如办案警员接到法庭传唤应当到庭；参加法庭审判，除审判长、州检察官或法庭联络官准许离开之外，必须全程参与；到庭应诉应携带包括记录、报告、传讯书复印件在内的所有相关证据；应注意自己的着装等。参见［美］石子坚、朱华：《美国警察管理与执法规范详解》，中国人民公安大学出版社2015年版，第140－142页。

② 张吉豫：《大数据时代中国司法面临的主要挑战与机遇——兼论大数据时代司法对法学研究及人才培养的需求》，载《法制与社会发展》2016年第6期，第55页。

物的集中管理上，也通过“涉案财物（物证）管理信息系统”，对扣押、审批、移交、出入库、处置等环节实行全程监管，同时，广泛运用温控、防潮、防磁、二维条码等现代科技，有效保障物证之证据效力。陈瑞华教授曾提出与实物证据和言词证据这类“结果证据”相对应的“过程证据”之概念，其主要针对前者的收集、提取、保全等过程（调查取证之过程事实）发挥证明作用，对结果证据证明力具有印证功能、对程序争议事实有直接证明功能。① 显然，公安机关侦查取证走向科技信息化亦有助于此种功能之实现。

在证据收集方面，则应更多依靠科技手段收集痕迹、物品等，促成以口供为中心的侦查思维转向以客观证据为中心，弱化长期以来“重口供、轻证据”之倾向。以基层多发的盗窃案件为例，笔者整理某市某区2014—2016年公安刑侦部门相关数据，如表2所示：

表2 某市某区2014—2016年指纹和DNA在盗窃案件中之运用

年度	盗窃案件勘查起数	指纹提取				DNA提取			
		起数	提取率	比对成功人数	抓获人数	起数	提取率	比对成功人数	抓获人数
2014	7253	1264	17.4%	377	204	640	8.8%	126	57
2015	5543	1324	23.9%	325	116	1056	19.1%	168	38
2016	6450	1231	19.1%	341	120	1370	21.2%	232	109

对上表数据简单计算可见，2014—2016年，此类案件勘查中指纹和DNA提取率接近40%，通过对这些信息进行数字化的碰撞比对，年均锁定犯罪嫌疑人达500多人，成功抓获的则有200余人，从中不难看到运用科技信息手段提取使用指纹、DNA在公安机关查破

① 陈瑞华：《刑事证据法的理论问题》，法律出版社2015年版，第230－236页。

案件中之显著作用。在调研过程中，不少案侦民警直接告诉笔者，指纹、掌纹、声纹、DNA 等客观证据，在零口供且无其他直接证据的情况下，在间接证据体系中居于中心地位，往往成为法庭审判定案之关键证据。此外，对于高科技智能犯罪证据的收集、技术侦查手段所获材料之证据转化等，无疑皆需公安科技信息的高投入与发展进步。台湾地区学者王兆鹏指出，随着科技的发达，侦查机关早已借助高科技取得证据，是否侵犯隐私权，是否构成搜索，是否应事先取得令状，在证据排除法则立法后成为审判争议的核心所在。[①] 这也提醒公安机关在利用科技信息侦查取证过程中，还需直面非法证据排除规则，注意行为本身之合法性问题。

第四，守好“防止冤错”之底线，健全完善公安执法责任体系，倒逼侦查取证质量提升。现阶段，公安执法管理、过程监督与责任落实三者间，相对独立分散且缺乏机制支撑，难免会出现监管缺位之情形，易导致冤假错案发生。已有学者提出，我国侦查监督模式改革方向为实现监督主体的多元化，实行事前审查、同步监督、事后监督相结合的多元监督方式。[②] 在现有法律框架内，公安机关至少当以公平正义为核心，以责任落实为关键，努力实现执法长效管理与规范运作。在公安系统内部，按照“谁主管谁负责、谁办案谁负责、谁审批谁负责”之原则，把执法职责细化分解到执法单位和岗位，明晰执法主体责任。其主要包括：完善执法台账和法律文书制作、使用及管理制度；运用执法办案信息系统、现场执法记录仪、视频监控等技术手段，加强对立案、侦查取证、监督检查等活动的即时监督、流程控制；以 2016 年公安部修订的《公安机关人民警察执法过错责任追究规定》为依据，建立冤假错案、办案质量责任终身负责制，推进

① 王兆鹏：《新刑诉·新思维》，中国检察出版社 2016 年版，第 68 页。

② 刘计划：《侦查监督制度的中国模式及其改革》，载《中国法学》2014 年第 1 期，第 259 页。

执法责任的层级落实。着眼于整个刑事诉讼程序，侦查结论只有经受住整个诉讼流程之考验，方能转化为审判结论。因此，不应将非法侦查取证之纠正，单纯寄希望于公安系统自身，当拓延至以实现审判预期为目标，倒逼执法办案质量提升。比如，可以移送起诉和庭审环节暴露出的突出问题为切入点，进一步明确前期执法责任，确保办案程序合法，以实现有罪判决之审判预期。如某公安机关发现初始执法行为影响案件质量问题后，开展了“抓执法源头，促执法规范”之改革项目，研究制定《公安民警初始执法行为规范》，对 110 接处警、现场处置、走访调查、笔录制作等前期执法行为，在操作流程和执法标准上加以细化规范，将监督管控前移至执法初期，以助办案质量之提升。又如，可探索建立重大、疑难、复杂案件检察引导侦查机制，就侦查方向、取证标准、法律适用等问题进行具体指导，使侦查活动围绕公诉工作展开，以提高侦查取证质量和效率。调研发现，已有地方公安司法机关为因应改革，共同建立了公检法机关办理刑事案件沟通机制，定期研究案件的证据问题，遇重大、疑难、复杂案件则随时协商沟通。

四、结语

德国学者指出，警察机关有两个相互区分的任务领域，一个是防御对公共安全或公共秩序的危险，二是参与刑事追诉，而在第二个领域，警察机关是负责侦查和查明犯罪的机关，具有压制性职能。[①] 正是这种压制性职能，使得公安侦查取证极易逾越法治的界限，导致非法取证行为出现，而在以侦查为中心的诉讼模式下，法院一般又不对侦查取证之合法性进行实质审查，于是“公安造案、检察照办、法院宣判”自然成为常态。在刑事司法上师法西方（特别是德日）的

① ［德］科劳斯·缇德曼：《德国刑事诉讼法导论》，载《德国刑事诉讼法典》，宗玉琨译注，知识产权出版社 2013 年版，第 56 页。

我国台湾地区，有学者主张分近程、中程和远程“温和渐进”进行刑事司法制度改革，而遵守严谨的证据法则属中程改革之列。[①] 对这种渐进改革论笔者颇为赞同。近年来，随着我国以审判为中心的诉讼制度改革逐步推进，这种格局亦当渐进地被打破，公安机关侦查取证唯有对照改革精神实质，直面问题并积极改革应对，方能如改革决策层所言使案件事实证据经得起法律检验。

① 张丽卿：《刑事诉讼制度与刑事证据》，中国检察出版社2016年版，第3－10页。

第二章　警检关系视野中的警察出庭作证问题反思

本章提要

我国2012年《刑事诉讼法》首次在基本法律中规定了警察出庭作证的内容。但是，在《刑事诉讼法》预设的刑事诉讼体制未发生本质变革的情况下，警察出庭作证新规会陷入结构性二元矛盾之中，其表现出的宣示意义多于实践价值。这种二元矛盾包括刑事诉讼学理知识体系与刑事诉讼体制的矛盾、刑事诉讼体制内部的矛盾两个方面。前者在警检关系模式与警察出庭作证的关系中有所体现，后者分析我国警检机关对警察出庭作证的态度可以看到：通过具有折中意义的“第三条道路”，构建一种有限度的警察出庭作证的认识论，是对当前我国警察出庭作证问题的有益反思。

我国2012年《刑事诉讼法》首次以基本法律的形式规定了警察出庭作证的有关内容，2018年《刑事诉讼法》也延续了这些规定。[①]

---

① 我国出庭作证的警察通常可分为三类：一类称为“警察证人”，出庭陈述其执行职务过程中亲历的犯罪情况；第二类是侦查人员，出庭证明案件侦查和犯罪嫌疑人到案情况；三是具有警察身份的鉴定人，就某些专门问题出庭作证。本章所探讨的警察出庭作证仅包含前两种情况。

2012年《刑事诉讼法》实施后，理论界、实务界就此问题展开了热烈的讨论，特别是公安司法机关针对警察出庭作证广泛组织相关培训。① 这足以说明这一新规具有相当的社会影响力。但是，从《刑事诉讼法》预设的诉讼构造和司法实践来看，不宜过高估量警察出庭作证规定的实际影响。这项规定更多表现为一种宣示性的立法表达，在我国刑事诉讼体制并未发生本质变革的情况下，警察出庭作证规定的实效会大打折扣。2012年《刑事诉讼法》修正前，法学界已对警察出庭作证问题展开了积极的讨论，为反思奠定了一定基础。② 本章试图通过对相关诉讼原理、法律文本附带某市实证调研的探讨，以警检关系为起点切入，反思我国警察出庭作证问题，借以从认识论角度提出一条我国现有刑事诉讼体制下实现警察出庭作证的“第三条道路”。

一、警检关系模式与警察出庭作证的关系

本章所言警检关系，是指警察机关和检察机关在刑事诉讼活动中形成的权利与义务关系。通说认为，刑事诉讼具有控诉、辩护和审判三种基本职能，侦查是公诉的准备，亦是追诉活动之有机组成部分，可将其视为行使控诉职能，故警检机关皆属承担控诉职能的专门机

---

① 据互联网不完全检索，2013年10月，由中国人民公安大学、苏州市公安局、北京市第一中级人民法院主办的“警察出庭作证理论与实践研讨会”在北京举行。来自“两院”、公安部、司法部与北京大学、清华大学、中国政法大学等高校的专家教授，以及江苏苏州、新疆塔城等地公安机关代表与会。此外，安徽、四川、重庆、贵州、云南、福建等地公安机关也组织了警察出庭作证相关培训。

② 主要论文就有：汪建成、杨雄的《警察作证制度的理论推演与实证分析》（载《政法论坛》2003年第4期）；谭世贵、王琳的《关于建立我国警察作证制度的思考》（载《中国刑事法杂志》2003年第5期）；崔敏的《关于警察出庭作证的若干问题》（《中国人民公安大学学报》2005年第5期）；何家弘、杨建国的《论警察出庭作证的程序保障——以〈波士顿警察局规则与程序规则320〉为蓝本》（载《犯罪研究》2010年第4期）；李富成的《警察出庭作证论纲》（载《公安研究》2010年第1期）；廖兴存的《警察出庭作证与刑事被告人对质权的保障》（载《江苏警官学院学报》2011年第6期）等。

关。对专门机关而言，控诉实际上是一个收集证据并运用证据证明案件事实的过程，那么，控诉职能行使中形成的警检关系与警察出庭作证证明案件事实有着密切关联当属无疑。

早在2000年前后，国内法学界就对现代各国警检关系模式作了积极的探讨，影响较大的学说譬如：宋英辉教授提出，从世界主要国家的立法与实践来看，刑事程序中的警检关系主要有警检分立和警检结合两种模式，前者以英国、美国、加拿大为代表，后者多为大陆法系国家所采用；① 陈卫东教授提出的检察主导型（大陆法系国家多属此类）、指导参与型（以美国为典型）和协助型（以日本为代表）三种模式；② 孙长永教授指出，大体上英美法系国家的警检关系属于独立合作型，大陆法系国家则属于有限控制型。③ 法学界出于研究之目的，对警检关系进行学理上的类型化是很有意义的，可以为警检关系的差异性研究提供一种分析工具。其中，宋英辉教授提出的两种模式由于清晰、简练地反映了这种差异性，已成为当下学界对警检关系进行二元划分的通识理论，这一理论运用到警察出庭作证问题的论证中，继而形成警察应出庭作证的分析逻辑。这种逻辑虽遵循不同的分析进路却殊途同归，意即无论是在警检分立抑或是警检结合模式中警察皆具有出庭作证的合理性。在此以简表示之。

---

① 宋英辉、张建港：《刑事程序中警、检关系模式之探讨》，载《政法论坛》1998年第2期，第64－66页。

② 陈卫东、郝银钟：《侦、检一体化模式研究——兼论我国刑事司法体制改革的必要性》，载《法学研究》1999年第1期，第58－59页。

③ 孙长永：《侦查程序与人权：比较法考察》，中国方正出版社2000年版，第66－67页。

表 1　警检关系模式在警察出庭作证分析中的运用

法系 异同点	英美法系	大陆法系
警检关系模式	警检分立（警检分离）	警检结合（警检一体）
关系之表现	检警不存在领导与被领导、指挥与被指挥的关系	检察官领导、指挥警察
基本分析逻辑	警察须应法庭传召出庭作证，以保障人权、实现审判正义	警察作为控方证人，通过行使控诉职能，实现警检共同的诉讼目标
警察之地位	法庭的仆人	检察官的助手
结论	警察应出庭作证	警察应出庭作证

通过表 1 可见，在法系二元划分框架下可对警检关系进行二元划分，虽然法律的历史渊源和传统导致两大法系诉讼体制差异明显，但仍可梳理分析推导出警察应出庭作证的相同结论。值得注意的是，这种划分更多表现为一种学术意义上的理想分类，具有较强的模型建构色彩，而现实却是纷繁复杂的，在各国立法或司法实践中并不全然如此。特别是 20 世纪以来，两大法系呈现出相互借鉴融合趋势，各国法制间的差异逐渐模糊，这一点亦深刻反映在警检关系之中。难怪学者龙宗智指出，警检结合“在现存刑事司法体系中基本不存在”。[①] 据此论断，警检分立在现有刑事司法体系中也是不存在的。下面以具有典型意义的德国、英国、美国和日本为例，作简要说明。

以警检结合为标签的德国，其《刑事诉讼法》第 161 条规定：“为了前款（指侦查程序）所称目的，检察院可以要求所有的公共机关部门提供情况，并且要么自行，要么通过警察机构部门及官员进行任何种类的侦查。警察机构部门及官员负有接受检察院的请求、委托

① 龙宗智：《理论反对实践》，法律出版社 2003 年版，第 227 页。

的义务。”据此可知，德国侦查程序中检察官享有指挥警察的权力。但与警检结合立法设计相反的是，在实务上，侦查程序的指挥权大部分还是移转给警方，通常警察人员独立侦查犯罪，其只在侦查告一段落后，才将案件移送至检察机关。[①] 德国司法实践中警察摆脱检察官，对其侦查独立地位的追求，分明是警检分立模式的重要表征。为实现控制犯罪和提升诉讼效率之目标，警检分立的英美法系国家亦开始重视警检机关在刑事司法领域的密切合作。21 世纪初，英国的一份司法改革白皮书指出：“刑事司法制度的复杂性让民众常常觉得它的迟缓、无效率以及难以理解和接近。警察、检察机关和法院必须彼此独立有牢固的法治理由，但独立的同时又必须密切合作。”[②] 为此，英国已在 42 个新的“刑事司法区域”[③] 中强化警检机关更密切的合作。在美国，为了增进警检之间的关系，检察官经常担任警察正式在职培训的指导者。[④] 这里，英美法系的警检分立中体现出向大陆法系警检结合靠拢的倾向。第二次世界大战后，日本深受美国法的影响，逐渐演变为兼具大陆法系与英美法系特色的混合法系国家，这种混合性也反映在日本警检关系中。在日本，《刑事诉讼法》的基本模式是，在警察侦查结束后，将案件移送给检察官，并进行检察侦查。[⑤] 日本《刑事诉讼法》第 193 条确认了检察官在三种法定情形下才对警察拥有指示或指挥权，检察官有限的权力足以呈现日本警检关系的

---

① ［德］克劳思·罗科信：《刑事诉讼法》（第 24 版），吴丽琪译，法律出版社 2003 年版，第 80 页。

② 最高人民检察院法律政策研究室编译：《所有人的正义：英国司法改革报告》，中国检察出版社 2003 年版，第 19 页。

③ 为加强刑事诉讼的信息化建设，英国于 2005 年成立专门机构，投资设计开发了一套《刑事案件管理项目》软件，这套软件同 2002 年《刑事审判法令》相配套，将刑事案件在侦查和起诉阶段划分为 42 个刑事司法区域，通过管理软件对案件的诉讼情况进行测评。

④ ［美］斯黛丽、弗兰克：《美国刑事法院诉讼程序》，陈卫东、徐美君译，中国人民大学出版社 2002 年版，第 218 页。

⑤ ［日］田口守一：《刑事诉讼法》（第 5 版），张凌、于秀峰译，中国政法大学出版社 2010 年版，第 42 页。

混合性，即介于分立与结合之间的警检若即若离的关系。

德国、英国、美国和日本的实际情况说明，法系间的借鉴融合、立法本身的复杂性以及立法设计与司法实践的背离都可能促使警检关系发生微妙变化，而这正是警检关系学理上的二元划分所无法逻辑自洽的。基于此，表 1 所展示的分析路径受警检关系模式二元划分的影响，非此即彼显得过于绝对化、理想化，无法诠释现实中警检关系的复杂面向。既然线性的二元划分框架已不可靠，势必会对警察出庭作证问题的理解产生一定影响，那么，由此推导出的结论则应在非线性思维的引导下进行全新的分析。

若将目光移转到我国的警检关系，同样会遭遇类似的问题。我国理论上虽属于大陆法系国家，但针对警检关系模式却有不同于两大法系的特殊立法设计，所以将警检关系模式二元划分论直接运用于我国警察出庭作证分析中并不合适。我国 1982 年《宪法》第 135 条，1979 年《刑事诉讼法》第 5 条，1996 年《刑事诉讼法》、2012 年《刑事诉讼法》和 2018 年《刑事诉讼法》第 7 条对公、检、法三机关关系的立法表达皆是“分工负责，互相配合，互相制约”（以下简称“分配制”），分配制成为我国刑事诉讼长期坚持的一项基本原则。受此原则指引，我国刑事诉讼形成了法学界所诟病的线形构造。线形构造下的侦控构造表现为：侦查和公诉职能由警检机关分别承担，侦查与起诉程序各自独立，司法实践中侦诉“两张皮”现象突出。这说明我国分配制下的警检关系呈现出分立的状态，这种分立和英美法系的警检分立有所不同，如果说后者的分立是相对意义上的，那么我国的分立则显得更加纯粹，这在笔者与某市一些派出所刑侦民警的访谈中也有所体现：

笔者问：“你何时算是完成了一起刑案的办理呢？你是否出庭作过证？”

民警 A 答：“案件侦查终结后将外卷（指诉讼案卷）移交给检察院就算完工了。我没有出庭当过证人。”

民警B答："主要是犯罪嫌疑人要归案，案卷材料都整理好了，然后写个结案报告就算完成任务了。我从没出过庭。"①

民警的回答反映出在我国分配制的警检关系中，警察对其职能实现有自己的认识：警察或公安机关是以案件侦查终结作为职能实现之标准，而并不关心检察官能否成功起诉，追究犯罪嫌疑人、被告人的刑事责任。这种认识不但与警察乃检察官助手的大陆法系国家大相径庭，同警检分立的英美法系国家亦存在较大差异。在英国，作为证人出庭作证是警察服务于法庭审判的一个主要体现，司法实践中警察经常是作为控方证人，接受控诉一方的传唤而出庭作证的。② 在美国，检察官成功实现控诉仍需依赖警察出色的工作，学者科尔将警检之间的这种关系解释为"自然反馈"，它以相互交换为特征：检察官依靠警察进行正当的逮捕和提供确切的证据，警察依靠检察官将他们的辛苦侦查转为有罪判决。③ 应该说，无论检警是否存在领导与被领导、指挥与被指挥的关系，其进行诉讼活动皆是为完成国家追诉犯罪之任务，具有诉讼目标上的共同性，由此形成学者所言的"侦诉命运共同体"。④相比之下，在我国检警关系中，既缺乏大陆法系国家立法中检察官领导、指挥警察的权威，也没有英美法系国家实践中那种警察为支持公诉服务的驱动力，检警目标共同性存在断裂，命运共同体并未形成。虽然我国《宪法》和《刑事诉讼法》皆赋予了检察机关法律监督的权力，但这种监督权更多表现为一种事后的柔性监督权，甚至为警察权所反向制约，这显然与警检结合模式下检察机关刚性的领导、指挥权不可等量齐观。例如，日本《刑事诉讼法》第194条之规定，检察总

---

① 2014年8月12日下午、8月13日上午，某市S区某派出所刑侦民警在办公室接受访谈，笔者整理。

② 中国政法大学刑事法律研究中心：《英国刑事诉讼制度的新发展——赴英考察报告》，载陈光中、江伟主编《诉讼法论丛》（第2卷），法律出版社1998年版，第373页。

③ ［美］斯黛丽、弗兰克：《美国刑事法院诉讼程序》，陈卫东、徐美君译，中国人民大学出版社2002年版，第217页。

④ 王超：《警察作证制度研究》，中国人民公安大学出版社2006年版，第86页。

长、高等警察厅厅长或地方检察厅厅长，在警察没有正当理由而不服从检察官指示或指挥时，有权对警察提起惩戒或罢免的追诉；德国警察虽对其在法律上的"从属"地位感到不满，但没有可选择的、明确的立法观念，既认可警察对独立地位的追求，又保证了检察官在整个侦查行为中指挥者的地位。① 从德日立法中不难看出检察官指挥警察的刚性权力，而我国警察既非检察官的助手也非法庭的仆人，因此，有必要在这种特殊的诉讼构造下去重新审视我国警察出庭作证问题。

二、结构性制约下我国警检机关对警察出庭作证的态度

通过以上分析可见，学理上类型化的警检关系模式同我国警检关系之现实并不契合，在我国《刑事诉讼法》所预设的侦控构造下，难以得出警察应出庭作证的当然结论，然而，2012 年《刑事诉讼法》却宣示性地作出了警察出庭作证的相关规定。由于我国警检机关享有解释和适用《刑事诉讼法》的话语权，由其颁行的规范性文件可谓警检机关对立法机关新设警察作证规定的进一步表态。在此将结构性地分析这些表态，考察我国警检机关对警察出庭作证的实际态度。

（一）公安机关对警察出庭作证表态的翻版化、不一致与错乱解释

由于警察是否出庭作证关系到公安机关的利益，因此，公安机关对警察出庭作证颇为谨慎。公安机关对警察出庭作证的态度首先可通过《公安机关办理刑事案件程序规定》（以下简称《程序规定》）加以考察。由于我国《刑事诉讼法》条文比较原则化，更为具体的《程序规定》在我国具有特殊地位，成为民警执法办案的重要依据。《程序规定》是公安机关贯彻实施《刑事诉讼法》的基本文件，是刑事诉讼制度在公安侦查工作中的具体化，因其广泛涉及公民人身财产

---

① ［德］魏根特：《德国刑事诉讼程序》，岳礼玲、温小洁译，中国政法大学出版社 2004 年版，第 52 页。

方面的核心权利，是公安部最重要的部门规章。[①] 但是，《程序规定》这种具体化的立法定位，在警察出庭作证问题上却并未得到实现。2012 年《刑事诉讼法》和《程序规定》中有关警察出庭作证的条文对比如表 2 所示：

表 2　2012 年《刑事诉讼法》和《程序规定》有关警察出庭作证条文对比

<table>
<tr><th>《刑事诉讼法》</th><th>《程序规定》</th></tr>
<tr><td>第五十七条　在对证据收集的合法性进行法庭调查的过程中，人民检察院应当对证据收集的合法性加以证明。
现有证据材料不能证明证据收集的合法性的，人民检察院可以提请人民法院通知有关侦查人员或者其他人员出庭说明情况；人民法院可以通知有关侦查人员或者其他人员出庭说明情况。有关侦查人员或者其他人员也可以要求出庭说明情况。经人民法院通知，有关人员应当出庭。</td><td rowspan="2">第六十八条　人民法院认为现有证据材料不能证明证据收集的合法性，通知有关侦查人员或者其他人员出庭说明情况的，有关侦查人员或者其他人员应当出庭。必要时，有关侦查人员或者其他人员也可以要求出庭说明情况。
经人民法院通知，人民警察应当就其执行职务时目击的犯罪情况出庭作证。</td></tr>
<tr><td>第一百八十七条　公诉人、当事人或者辩护人、诉讼代理人对证人证言有异议，且该证人证言对案件定罪量刑有重大影响，人民法院认为证人有必要出庭作证的，证人应当出庭作证。
人民警察就其执行职务时目击的犯罪情况作为证人出庭作证，适用前款规定。</td></tr>
</table>

① 孙茂利主编：《公安机关办理刑事案件程序规定释义与实务指南》（前言），中国人民公安大学出版社 2013 年版，第 1 页。

通过表2可见，《程序规定》第68条显系《刑事诉讼法》第57条和第187条规定结合而成，其并未对警察出庭作证的《刑事诉讼法》条文加以具体化，反映出公安机关在此问题上的一种翻版化表态。若细察之，《程序规定》第68条还有对《刑事诉讼法》第57条进行限缩解释之嫌，“必要时”的提法为侦查人员要求出庭说明情况附加了一个限制性条件，而何谓“必要时”《程序规定》未予明确，这就为公安机关适时作出利己的解释预留了一定空间。同时，《刑事诉讼法》所言“说明情况”含义不清，模糊了侦查人员的证人身份，对此有学者指出应明确“说明情况”的本质就是作证，[①] 但《程序规定》维持了《刑事诉讼法》这种避免侦查人员陷入伪证境地的含混表达。实际上，在2012年修正《刑事诉讼法》之前，公安部曾在2011年颁制修订后的内部文件《公安机关执法细则》（简称《执法细则》），其虽不具有法律效力，但却是较《程序规定》更为具体的公安机关执法办案内部规范。其中，《执法细则》“29-15. 讯问人员出庭作证”条规定：“法庭调查过程中，对被告人审判前供述取得的合法性有疑问，经公诉人提请，法庭通知公安机关讯问人员出庭作证的，讯问人员应当出庭作证，对该供述取得的合法性予以证明。”[②] 虽然这一规定只是针对讯问人员出庭作证而言，但若将其同《程序规定》第68条第1款相比较，显然《执法细则》的规定更加明确。假如以此为据，一旦讯问人员出庭作证时进行虚假陈述，则应依法承担伪证责任。《执法细则》对警察出庭作证证明程序事实的要求明显高于《程序规定》中出庭说明情况的含糊表态。笔者在与某市一些

① 樊崇义主编：《2012刑事诉讼法：解读与适用》，法律出版社2012年版，第92页。

② 这里的《公安机关执法细则》为2011年修订版中的条文［参见公安部编：《公安机关执法细则（2011年修订版）》，中国人民公安大学出版社2011年版，第248页］。2016年，公安部在对《公安机关执法细则（2011年修订版）》进行扩充完善的基础上印发《公安机关执法细则（第三版）》，该条文规定被删除。

法制民警访谈过程中，他们大都表示《执法细则》比《程序规定》规定得更细、对民警执法办案的要求更高。这说明了公安机关在警察作证问题上认识、规定的差异及表态的前后不一。

实际上，2012年《刑事诉讼法》实施后，警察出庭作证成为多地公安机关在职民警培训的热点项目。一些省市公安机关还结合本地工作实际，相继出台了警察出庭作证的内部规定，例如，2013年2月，福建省龙岩市公安局制定《关于民警出庭作证的规定（试行）》；2013年4月，四川省公安厅颁布《四川省公安机关侦查人员出庭作证工作规定（试行）》（以下简称《四川工作规定》）；2014年9月，重庆市公安局印发《重庆市公安机关民警出庭说明情况与出庭作证暂行规定》（以下简称《重庆暂行规定》）等。这些内部规定名义上虽是以《刑事诉讼法》《程序规定》等有关法律法规为依据制定，却在相当程度上反映了地方公安机关对警察出庭作证的态度。以《四川工作规定》为例，其总共17条规定，涵盖了警察出庭作证的范围、不出庭作证的情形、作证前的准备、作证的具体规范、作证违规的处罚等多方面内容。这从另一个角度说明，《刑事诉讼法》和《程序规定》有关警察出庭作证的规定还很原则化，需要地方公安机关补充完善、细化后方具可操作性。但是，如果考察《四川工作规定》的条文内容又会发现其前后不一、错乱解释的一面。例如，《四川工作规定》第五条规定："对其所承办案件的侦查人员，应当在接到人民法院出庭作证通知书后出庭作证，无正当理由不得拒绝出庭作证"，第十二条又规定："侦查人员在接到人民法院出庭作证通知书后应当报请县级以上公安机关批准。不得擅自参与其他任何组织或个人的出庭作证活动。庭审结束后，相关情况由县级以上公安机关法制部门备案。"此两条规定之间存在明显冲突，根据前条规定，侦查人员在接到法院通知后出庭作证是无条件的，但后条规定却为侦查人员接到法院通知后出庭作证设置了一个内部审批的前置条件，而从整条规定的意图来看，强调公安机关对侦查人员出庭作证情况之单方掌控。这同《刑事诉讼法》第57条、《公安部规定》第68条将警察出庭作证掌控权赋予法院的制度设置形成了鲜明对比，反映出四川省公安厅对警察出庭作证所持的谨慎态度。《重庆暂行规定》则有所不同，依其第3条规定，只要接到法检机关中任一家通知，公安机关民警就应当出庭，这显示出重庆市公安机关在警察出庭问题上尽力配合法检机关的态度，同时该规定赋予检察机关依职权要求警察出庭作证的权力，这就超越了仅将掌控权赋予法院的既有制度设置，显得更加开放。如果将《四川工作规定》《重庆暂行规定》看作是对《刑事诉讼法》和《程序规定》的学理解释，那么其《四川工作规定》第12条无疑是四川省公安厅作出的一种利己的、错乱的限缩解释，而《重庆暂行规定》第3条则是一种超越立法的扩张解释。仔细比对还可以发现，《四川工作规定》中“出庭作证”的表达与公安部《执法细则》相一致，但却不同于公安部《程序规定》“出庭说明情况”的翻版化表态，而《重庆暂行规定》则直接将“出庭说明情况”与“出庭作证”两种表达联系起来。这些反映了不同层级、不同地域公安机关的表态并不完全一致的情况。

（二）检察机关对警察出庭作证表态的兜底设置

较之于公安机关，检察机关对警察出庭作证的表态则显得相对平静，主要在国家层面的司法解释中有所表现。检察机关对警察出庭作证的态度首先体现在1999年和2012年的《人民检察院刑事诉讼规则》（以下分别简称旧《规则》和新《规则》）中。旧《规则》第三百四十三条规定：“公诉人对于搜查、勘验、检查等侦查活动中形成的笔录存在争议，需要负责侦查的人员以及搜查、勘验、检查等活动的见证人出庭陈述有关情况的，可以建议合议庭通知其出庭。”这一规定曾被多数人看作当时警察出庭作证最直接的法律依据。但若细读该规定，恐怕只能说其中暗含了警察出庭作证的意思，并未在实质意义上确立警察出庭作证制度。该规定至少存在以下四点缺陷：一是以最高人民检察院司法解释的形式作出规定，其效力范围有限，只能对检察院发挥作用，对公安机关缺乏刚性约束力；二是没有明确或有意忽略了警察出庭的身份问题，会造成检察官、法官庭审中只能对警察就其侦查事项进行询问，从而剥夺辩方的反询问权、辩论权；三是未规定法官和辩方可以主动要求警察出庭的内容；四是将见证人与侦查人员并列纳入出庭主体，可能会导致侦查人员通过见证人出庭使自己成功规避出庭责任。尽管如此，新《规则》第449条还是基本沿用了这条规定，没有做大的修改。2010年，“两高三部”曾联合发布《关于办理刑事案件排除非法证据若干问题的规定》（以下简称《非法证据排除规定》），可谓是警检机关经博弈妥协后的一种共同表态，该规定首次提出了讯问人员为证明讯问行为之合法性而出庭作证的要求。根据该规定第7条，法庭对被告人供述取得的合法性有疑问的，公诉人除了应向法庭提供讯问笔录、原始讯问过程录音录像等证据，还可以提请法庭通知讯问时其他在场人员或其他证人出庭作证，仍不能排除刑讯逼供嫌疑的，提请法庭通知讯问人员出庭作证，证明供述取得的合法性；经依法通知，讯问人员或其他人员应当出庭作证。由于对程序事实加以证明是警察出庭作证的重要目标之一，最高人民检察院的类似表态无疑具有积极意义。此规定明确了公诉人证明供述取得合法性的步骤，显然，提请法庭通知讯问人员出庭只是公诉人证明的一种兜底选择。若将《非法证据排除规定》第7条与《刑事诉讼法》第57条进行比较，可以看到后者吸收、修订前者内容的痕迹，且有的修订还使条文表述变得含糊起来，把“出庭作证”改为“出庭说明情况”便是显例。2012年《刑事诉讼法》修正后，新《规则》从检察机关的角度，对《刑事诉讼法》有关警察出庭作证的条文作了司法解释，其规定如表3所示。

表3　新《规则》中有关警察出庭作证的规定

第四百四十条	第四百四十六条
公诉人对证人证言有异议，且该证人证言对案件定罪量刑有重大影响的，可以申请人民法院通知证人出庭作证。 人民警察就其执行职务时目击的犯罪情况作为证人出庭作证，适用前款规定。	在法庭审理过程中，被告人及其辩护人提出被告人庭前供述系非法取得，审判人员认为需要进行法庭调查的，公诉人可以根据讯问笔录、羁押记录、出入看守所的健康检查记录、看守管教人员的谈话记录以及侦查机关对讯问过程合法性的说明等，对庭前讯问被告人的合法性进行证明，可以要求法庭播放讯问录音、录像，必要时可以申请法庭通知侦查人员或者其他人员出庭说明情况。 …… 在法庭审理期间，人民检察院可以要求侦查机关对证据收集的合法性进行说明或者提供相关证明材料，必要时可以自行调查核实。

新《规则》第440条基本为《刑事诉讼法》第187条的翻版自不待言，第446条可谓检察机关对《刑事诉讼法》第57条的一种细化的立场。《刑事诉讼法》第57条确认了庭审过程中检察机关对取证的合法性负有证明责任，但检察机关对程序事实的证明应如何进行，《刑事诉讼法》与新《规则》却存在一定的差异。按《刑事诉讼法》第57条规定，只要现有证据材料不能证明取证之合法性，检察机关即可提请法院通知侦查人员出庭说明情况；而依新《规则》第446条，公诉人应运用笔录、记录、说明等书面材料、讯问录音录像视听资料对庭前讯问的合法性进行证明，必要时方可申请法庭通知侦查人员出庭说明情况。“必要时”的提法同前述《程序规定》第68条十分类似，实际上对《刑事诉讼法》的规定作了限缩解释，为公诉人申请侦查人员出庭附加了模糊的限制性条件，进而为检察机关作出利己解释预留了空间。这一规定反映的立法导向为：在多数情况

下，公诉人应首先通过书面材料、视听资料来证明讯问行为的合法性——这种做法一般应该具有前置性，申请法庭通知侦查人员出庭则成为公诉人证明程序事实的一种兜底选择。法律解释的最终目标只能是：探求法律在今日法秩序的标准意义（其今日的规范性意义）。[①]显然，检察机关对《刑事诉讼法》的解释背离了《刑事诉讼法》的"标准意义"。新《规则》第446条最后一款清晰地反映出检察机关对侦查机关的"说明"、提供相关证明材料的强调，而类似表述在该规则第72、378、429条中皆有直接体现。2010年，"两高三部"联合发布《关于办理死刑案件审查判断证据若干问题的规定》（以下简称《办理死刑案件证据规定》），其第39条对侦查人员提供被告人自首、立功等量刑事实方面的证言作了规定，表述为"要求有关机关提供证明材料或者要求相关人员作证"，这里同样强调了提供证明材料之重要性。通过以上规范分析，不难看到检察机关在庭审过程中证明程序事实时，大致抱持的是一种"书面材料优先，警察出庭兜底"的证明立场。

三、"第三条道路"之提出：建构有限度的警察出庭作证认识论

我国警检关系的特殊性和警检机关对警察出庭作证的态度，使警察出庭作证深陷结构性矛盾之中：一方面是《刑事诉讼法》对警察出庭作证作了宣示性立法表达，另一方面是整体上没有实质变革的侦控结构无法有力支撑警察出庭作证，而《刑事诉讼法》的立法表达与警检机关基于自身利益和工作便利的差异化表态则是对矛盾的现实诠释。这也正是当下中国法治发展所面临的一个问题，因此，我们对警察出庭作证制度或许应少一些乐观、多一些反思。苏力曾言："具体的、适合一个国家的法治并不是一套抽象的无背景的原则和规则，

① ［德］拉伦茨：《法学方法论》，陈爱娥译，商务印书馆2003年版，第199页。

而涉及一个知识体系。"① 如果将刑事诉讼体制看作一种知识体系，那么警察出庭作证无疑当属其中一项要素，我们应在这种知识体系下去具体地、有现实感地反思警察出庭作证问题。笔者持的基本立场是：在现有刑事诉讼知识体系下，既不过分强调警察理应出庭作证而陷入司法理想主义，也不对警察出庭作证的价值意义抱持过于消极悲观的态度，而是通过拓展"第三条道路"建构一种有限度的警察出庭作证认识论。

（一）刑事诉讼知识体系下"第三条道路"可能性的初步分析

"第三条道路"是英国学者安东尼·吉登斯于20世纪90年代提出的一个概念，其试图打破传统左右两级划分的政治思维模式，确立团结各种政治力量、建立合作包容型社会的社会民主主义理念。警察出庭作证的"第三条道路"正是借用了这个概念，意指一种非左非右、具有折中意义、相对合理的中间道路，更为强调理解我国警察出庭作证问题时的知识包容性。

在中间道路的左侧，大致是一种倾向于学理知识体系下的对警察出庭作证应然性的逻辑推演，这种推演亦是当下法学界的主流做法。总的来看，证据规则和诉讼结构理论是用于推演警察出庭作证的两大基础性知识体系。具体而言，除前述类型化的警检关系模式外，刑事诉讼体制中的传闻证据规则或直接言词原则、非法证据排除规则、证人相关理论、当事人主义诉讼模式下的控辩平衡理论、警察之诉讼职能等，皆是法学界常用的推演证成警察出庭作证应然性的知识范畴。以我们熟悉的传闻证据规则或直接言词原则为例，其具有丰富的知识内涵，前者乃英美证据法上最具特色的规则，后者为大陆法系国家重要的证据规则。两者的内在精神是一致的，都主张直接感知案件事实的人应当出庭作证，意即严格限制书面证言的使用，通过交叉询问确

① 苏力：《法治及其本土资源》（修订版），中国政法大学出版社2004年版，第18页。

保控辩双方质证权的实现，以最大限度地发现案件真实。据此，对于侦查笔录和侦查取证的合法性，警察均应出庭以言词方式作出陈述，接受诉讼双方的口头发问，使正义以看得见的方式实现。如果未经庭审交叉询问而直接将侦查笔录作为裁判依据，便背离了形式理性之基本要求，会带来较大的法律风险。也正是由于书面的侦查笔录作为传闻证据存在着先天不足，许多大陆法系国家的刑事审判均禁止采纳警察笔录为证据，在德国，不采纳的理由是对这些笔录的准确性有怀疑和保护犯罪嫌疑人免受不适当强迫的期望，欧洲人权法院也曾裁决主要建立在警察笔录之上的有罪判决违反了《欧洲人权公约》的规定。[①] 虽然这一规则在不断修正变化中出现了一些例外情况，但是辩方对证人的当庭质询仍是题中应有之义。可以说，我国《刑事诉讼法》中的警察出庭作证新规正是直接言词原则影响下的产物。不过，尽管学理知识体系下的逻辑推演言之凿凿，却与我国当下刑事诉讼体制存在矛盾，主要表现在以下两个方面：

一是我国没有采用英美法系的传闻证据规则。虽然警察在法庭外制作的侦查笔录属于传闻证据，然而，无论是两个证据规定（即《非法证据排除规定》和《办理死刑案件证据规定》）还是《刑事诉讼法》皆承认了侦查笔录具有证据资格，没有对其证据能力进行严格的限制。这恰恰与英美证据法出于对“一个虚构的人物根据传闻规则可能会成为原告”[②] 的忌惮而不采纳传闻证据的做法截然有别。

二是我国亦未建立大陆法系那样的直接言词原则，反而庭审更具“书面证言中心主义”倾向。1996 年《刑事诉讼法》第 47 条规定，证人证言须经质证查实后才能作为定案之根据，这本是直接言词原则

① ［美］达马斯卡：《漂移的证据法》，李学军、刘晓丹等译，中国政法大学出版社 2003 年版，第 21 页。

② ［美］斯特龙主编：《麦考密克论证据》（第 5 版），汤维建、付松江等译，中国政法大学出版社 2004 年版，第 481 页。

在我国刑事诉讼中的清晰展现。但随后该法第157条规定，未到庭的证人的证言笔录、勘验笔录和其他作为证据的文书等应当庭宣读。类似规定在同期配套的司法解释中也都有体现。这种体系性矛盾实则打破了直接言词原则，使出庭作证沦为一种可选择性权利。这两条规定基本为2012年《刑事诉讼法》第59条和第190条所承袭（2018年《刑事诉讼法》第61条、第195条同），故尽管2012年《刑事诉讼法》确立了证人出庭作证的范围、拒不出庭作证的后果及强制出庭制度，却仍未弥合这一体系性矛盾，建构真正意义上的直接言词原则。正如有学者所指出，“在刑事审判中，绝大多数证人证言都是通过当庭宣读证言笔录的方式接受质证的，证人本人并没有出庭作证”。①

通过以上分析，不难看到我国警察出庭作证深嵌在二元矛盾之中，其一是刑事诉讼学理知识体系与当下刑事诉讼体制的矛盾，其二是刑事诉讼体制内部的矛盾或说法不统一。如果将后种矛盾放大，对警察出庭作证的认识便会逐渐滑向中间道路的右侧——要么站在本机关自身利益的立场，充分利用当前刑事诉讼体制的内部矛盾，使警察出庭作证的立法初衷发生不同程度的异变；要么出于对刑事诉讼体制本身问题的考虑，更多看到警察出庭作证的现实制约因素，从而质疑警察出庭作证的实然效果。前者在本章对我国警检机关对警察出庭作证的态度分析中已有展示，不再赘言。后者则是当前警界少数派的观点，也反映了多数刑侦民警实战困惑之所在。比如，在2012年《刑事诉讼法》修正前，有公安院校的教授在分析司法体制、法律规定、侦查工作现实等障碍后，指出“警察出庭作证从完善司法程序的理论角度上说，是具有积极意义的，但立足我国司法体制的实际条件，

① 陈瑞华：《刑事证据法学》，北京大学出版社2012年版，第172页。

目前要推行这种制度，时机尚未成熟”。[①] 在公安系统内部，笔者了解到警力资源有限、日常警务工作繁重、警察法律素养与出庭要求不适应、作证经费难以保障等成为一些实务人士不看好警察出庭作证的重要原因。2012 年《刑事诉讼法》颁行后，某市公安机关多次组织民警出庭应诉相关培训，其中相当一部分培训是由资深检察官作为主讲人，当地也要求执法规范化建设要抓好民警应诉、旁听庭审等工作，民警要学会以法官和律师的思维思考案件等，但我们调研发现，为数不多有出庭经历的民警主要体会是：在庭审现场，面对辩护人、公诉人及法官的询问压力，特别是辩护律师一环扣一环的发问，心里比较紧张，将平时熟悉的办案业务清楚表达出来不是那么容易。[②] 与我国不同的是，这种二元矛盾在西方法治国家并没有明显表现。德国法学家克劳思·罗科信就紧密结合德国《刑事诉讼法》之规定，对审判程序特别是证据调查中的直接言词原则顺理成章地作了学理上的知识阐释，[③] 警察出庭作证也成为西方法治国家司空见惯的事。在美、德、法、日等国学者撰写的其本国《刑事诉讼法》专著中，基本没有对警察出庭作证问题专门进行论述的。[④] 这又与长期以来我国法学界都在积极从诸层面探讨警察出庭作证问题，甚至还产生了不少争论，形成了鲜明对比。

---

① 徐俊：《警察出庭作证的再思考》，载《江西公安专科学校学报》2008 年第 1 期，第 79 页。

② 2014 年 8 月，笔者对某市 S 区公安分局 4 名有过出庭经历的民警一对一访谈后，将其共通性体会整理归纳而成。其中 3 名民警各有 1 次出庭作证经历，1 名民警有 2 次出庭经历。

③ ［德］克劳思·罗科信：《刑事诉讼法》（第 24 版），吴丽琪译，法律出版社 2003 年版，第 428 – 441 页。

④ 具体参见以下外国学者专著：［美］拉费弗、伊斯雷尔等：《刑事诉讼法》，卞建林、沙丽金等译，中国政法大学出版社 2003 年版；［德］克劳思·罗科信：《刑事诉讼法》（第 24 版），吴丽琪译，法律出版社 2003 年版；［法］布洛克：《法国刑事诉讼法》（第 21 版），罗结珍译，中国政法大学出版社 2009 年版；［日］田口守一：《刑事诉讼法》（第 5 版），张凌、于秀峰译，中国政法大学出版社 2010 年版。

因此，在西方国家不用专门考虑如何认识警察出庭作证，其刑事诉讼学理知识体系、刑事诉讼体制乃至内部关系的协调统一，使警察出庭作证无论在法学理论抑或是司法实践层面都成为理所当然。但在我国，这个问题因二元矛盾而变得复杂起来，选择何种道路穿越矛盾的夹缝去尽量实现警察出庭作证的立法初衷，自然成为一个需要认真对待的问题。通过上面的分析可见，这条道路太偏左或太偏右均会使刑事诉讼学理知识体系与刑事诉讼体制产生过大的张力，即便是《刑事诉讼法》已作出警察出庭作证的规定，因理论与实务界之间缺乏应有的妥协、合作空间而不得不各行其是，最终使警察出庭作证制度无法落地。据此，立足我国实际，拓展一条具有折中意义、相对合理的“第三条道路”已殊显必要。

（二）建构有限度的警察出庭作证认识论之基本进路

法律法规和警务实践是密不可分、交织在一起的，它们之间是互动的关系，缺少一方就无法正确理解另一方。[①] 警察出庭作证的立法初衷，当是打破既有刑事诉讼体制下的“书面证言中心主义”，促使警察走上法庭接受质询，但是结构性二元矛盾却让警察出庭作证“将成为常态”[②] 的预期与现实存在较大差距。从调研情况来看，2013 年全年某市 38 个行政区县中，除了 2 个区警察出庭作证案例数达 5 起外，其余区县大多不超过 2 起，还有 30 个区县警察出庭作证案例数为零，而 2012 年该市警察出庭作证案例数也有 15 起。在 2012 年《刑事诉讼法》修正前，龙宗智教授曾将警察不作证称为我国作证制度的三大怪现状之一，并提出警察不作证有两层意思：一是警察一般不出庭作证，尤其是不会应辩方要求出庭；二是即使警察出具书

---

① ［澳］迪克逊：《警务中的法则：法律法规与警察实践》，薛向君、罗瑞林等译，南京出版社 2013 年版，第 111 页。

② 刘英团：《警察出庭作证使司法公正让人看得见》，载《检察日报》2010 年 7 月 14 日第 6 版；陆建銮：《警察出庭作证将成常态》，载《广州日报》2012 年 12 月 28 日第 A4 版。

面证言，常常也不是警察的证词，而是以某刑警队、某派出所名义出具的证明材料。[①] 这说明2012年修正后的《刑事诉讼法》实施以来，我国警察不出庭作证的传统并未发生本质改变，该规定成为一种更具宣示意义而缺乏实效性的立法表达。在当前刑事诉讼体制下，过于理想化地去认识警察出庭作证新规，或许会感到有些失望，但是如果我们立足法制实际，建构一种有限度的警察出庭作证认识论，多一些"'警察出庭作证'，各方尚未适应"[②] 那样的理性思辨，则会辩证地看到现阶段警察不出庭作证的相对合理性。

"有限度"是指要在整体结构中去客观考量具体制度，既要看到它的功能作用，又要分析其与整体的关系及其局限性，从而构建一种具有折中意义的认识论。有限度的认识论首先与警察提供书面说明材料的制度设置和司法实践密切相关。警察向法庭提供证言的方式包括出庭作证和提供书面证言，这两种方式并不必然存在替代关系，基于直接言词原则之精义，警察提供证言的最佳方式应该是出庭作证。但在我国司法实践中，普遍情况却是警察以提交书面说明材料的方式替代出庭作证，有时这些书面说明材料甚至还不具备书面证言的基本形式。有学者精辟指出，这是我国警察作证所特有的"情况说明"模式，正是这种模式为警察不出庭作证提供了最为宽容的制度环境。[③] 由于我国《刑事诉讼法》及相关司法解释并未禁止警察以书面证言的方式作证，从这个意义上讲，只要警察提交的书面说明材料符合书面证言的形式要求，其存在便具备了现实合法性。笔者随机抽取了某市S区公安分局2013年办结的100起刑事案件卷宗，其中包含各种书面说明和无"说明"之名而有"说明"之实的书面材料（如"归

---

① 龙宗智：《理论反对实践》，法律出版社2003年版，第196页。

② 谢佑平：《"警察出庭作证"，各方尚未适应》，载《新京报》2013年6月15日第B05版。

③ 牟绿叶：《比较法视野下侦查人员出庭作证的三种模式》，载《江西警察学院学报》2011年第6期，第109页。

案经过”“破案经过”等）共计261份，平均每件案件约2.6份，而警察出庭作证仅有1例贩毒案件，卷中仍有书面说明3份。这些数据显示，尽管2012年《刑事诉讼法》已对警察出庭作出了规定，但提交书面说明材料仍然是当下警察提供证言最主要的方式，“情况说明”模式并没有出现大的变化。

考察相关立法，2010年“两个证据规定”首次提及书面说明材料的规范要求，如《非法证据排除规定》第7条第3款规定，公诉人提交加盖公章的说明材料，未经讯问人员签名或盖章，便不能作为证明取证合法性的证据；《办理死刑案件证据规定》第31条第1款规定，法检机关对侦查机关出具的破案经过等材料，应从是否有出具说明材料的办案人、办案机关签字或盖章等方面进行审查。这些规定反映了公、检、法机关对书面说明材料的认可，并试图通过立法加以规范，使之成为形式上合法的证据材料的倾向，而不是以直接言词原则为参照，放弃对其证据效力的追求。这种倾向在2012年新《规则》第72、378、429、446条和最高人民法院《关于适用〈中华人民共和国刑事诉讼法〉的解释》（以下简称《解释》）第101、108、110条等司法解释条文中得以延续。以《解释》第108第1款为例，该款规定法院对侦查机关出具的被告人到案经过、抓获经过等说明材料，应当审查是否有出具材料的办案人、办案机关的签名、盖章，显然强调了对书面说明材料进行形式审查的重要性。调研中一些基层法制民警告诉笔者，刑事案件卷宗中“情况说明”十分常见，两名以上办案人员签名、所在单位盖公章是审查“情况说明”的一个关键点，否则在执法质量考评时将会被扣分。实际上这也是公安部《执法细则》“29－13. 审查破案经过材料”① 明确提出的要求，而前述

① 这里的《公安机关执法细则》为2011年修订版中的条文［参见公安部编：《公安机关执法细则（2011年修订版）》，中国人民公安大学出版社2011年版，第247页］。2016年，公安部印发《公安机关执法细则（第三版）》中该条文规定被删除。

261 份书面说明材料都满足了这一形式要求。虽然从程序法治角度看，“情况说明”作为一种证明方式，存在证据形式上的瑕疵、内容不够客观科学完整、不能适用相关证据规则等先天缺陷，[①] 但是，流水线式诉讼构造下的我国公检法机关显然并未摈弃书面说明材料，反而投之以更多关注，力图通过公检法机关的审查使其更为规范、更为符合书面证言的形式要求。这同警检机关对警察出庭作证趋于保守的翻版化、不一致、错乱解释及兜底设置表态形成了鲜明对照。在现有刑事诉讼体制下，由于书面说明材料在刑事案卷中的普遍使用，自然需要实务部门更多的关注，这在一定程度上冲淡了公检法机关对构建完全意义上的警察出庭作证制度的热情。虽然“情况说明”的审查、使用规则尚有进一步健全完善的余地，[②] 但公检法机关对警察提供书面说明材料近乎一致的态度至少反映出，在刑事诉讼体制不发生大的调整的情况下，尽管《刑事诉讼法》中已增设警察出庭作证新规，但我国依然难以跳出警察作证的“情况说明”模式。这正是我们建构有限度的警察出庭作证认识论需要面对的客观现实。

随着人权保障理念日益深入，我国保障侦查笔录真实性相关立法的逐渐完备，以及印证性直接支持证据对书面说明材料支持的强化，成为建构有限度认识论需面对的另一个因素。警察出庭的主要作用在于揭露和预防违法取证行为、保证侦查笔录的真实可靠，但这只是实现该目标多元路径中的一条。在国家层面，2012 年《刑事诉讼法》

---

① 黄维智：《刑事案件中“情况说明”的适当定位》，载《法学》2007 年第 7 期，第 153 页。

② 例如，吴杨泽提出可从依法明确“情况说明”的主体、严格限制使用“情况说明”随意代替其他证据、明确侦查人员作出说明的时间和内容、加强对“情况说明”的审查和核实、要求侦查和鉴定人员出庭作证 5 个方面，规范刑事案卷中的“情况说明”；马明亮提出书面“情况说明”的根本问题在于公开性不足，其可信性因此遭受质疑，可通过构建“看得见”的“情况说明”加以完善。参见吴杨泽：《规范刑事案卷中的“情况说明”》，载《人民检察》2010 年第 14 期，第 78－79 页；马明亮：《论证据合法性的证明——兼评刑事诉讼法修正案（草案）的“说明情况”》，载《中国人民公安大学学报（社科版）》2012 年第 1 期，第 23－24 页。

基于惩治犯罪与人权保障相结合之诉讼理念，对侦查讯问的主体、场所、时间、程序等作出规制，2013 年公安部颁布《公安机关执法办案场所办案区使用管理规定》、2014 年又出台《公安机关讯问犯罪嫌疑人录音录像工作规定》等，其中有的规定甚至严于《刑事诉讼法》，[①] 这些立法具有同样的作用。在地方层面，在依法治国不断深化的背景下，各地或多或少都通过建章立制加强执法规范化建设。以某市公安机关为例，官方就提出要以“抓得住、捕得了、诉得出、能判刑”作为确保办案质量的基本原则，制定了公安机关冤假错案责任终身追究规定，同时，该市警检机关还建立了案件质量联合评查制度，共同对判决无罪和撤回起诉案件进行质量评审。这些无疑有助于预防和发现违法取证行为，一定程度上能保证侦查笔录的真实性。还有学者提出，反酷刑可以采取三重视角的方法，即既要建立制裁酷刑的非法证据排除规则，也要建立各种与羁押场所有关的预防酷刑机制，既要严格约束警察权，也要培训警察掌握有效、合法的讯问技能。[②] 这“三重路径”显然也能对遏制警察违法取证、提高侦查笔录的真实性产生影响。龙宗智教授曾将我国刑事诉讼证明模式概括为“印证证明模式”。《解释》第 101 条第 2 款规定，公诉人提交取证过程合法的说明材料，不能单独作为证明取证过程合法的根据。这一规定可说正好反映了这种证明模式。在印证证明模式下，证明之关键乃在获取相互支持的其他证据，即单一的证据是不足以证明的，必须获

---

① 譬如，2012 年《刑事诉讼法》第 121 条规定（2018 年《刑事诉讼法》第 123 条同），侦查人员对可能判处无期徒刑、死刑的案件或者其他重大犯罪案件，应当对讯问过程进行录音或者录像；而依《公安机关讯问犯罪嫌疑人录音录像工作规定》第 4 条规定，除可能判处无期徒刑、死刑的案件外，对致人重伤、死亡的严重危害公共安全犯罪和严重侵犯公民人身权利犯罪案件、黑社会性质组织犯罪案件、严重毒品犯罪案件、其他可能判处十年以上有期徒刑的故意犯罪案件都应当对讯问过程进行录音录像。后一规定明显较前者更为细化、严格。

② 陈卫东、[荷] 斯普瑞肯主编：《遏制酷刑的三重路径：程序制裁、羁押场所的预防与警察讯问技能的提升》（序言），中国法制出版社 2012 年版，第 1 页。

得更多的具有内含信息同一性的证据来对其进行支持。[①] 据此规定，公诉人即可通过向法庭提交警方移送的“办案说明”和讯问过程录音录像共同证明取证过程合法这一程序事实，而无须警察出庭接受质询来加以证明。需要指出的是，警察出庭作证并非能够“包治百病”。在法治发达的美国，有学者研究发现：侦查人员关于审讯过程中发生了什么的公众叙事一般都有一个固定的套路，当警察站在法庭的证人席上之时，如果被问及，侦查人员会坚决地否认他们在审讯中曾经采用过任何的心理强制方法，如果允许的话，警察会坚称其相信嫌疑人有罪，并保证其归罪性陈述的自愿性。[②] 显然，此种情况凸显了警察出庭作证的困境——即便警察出庭，也难以查明是否存在违法取证行为，其证明效果还不如不易变改、更具回溯性的讯问过程录音录像。一些检察官也曾告诉笔者，在现在的公诉活动中，他们越来越多地运用讯问录音录像，来应对被告人翻供和对警察刑讯逼供的指控。这些具有规范诉讼行为的立法和具体措施的实施，以及其他证据对书面说明材料的印证，都可能在一定程度上降低法庭调查对警察出庭作证的依赖，使法官对书面说明材料产生内心确信。这正是建构有限度的警察出庭作证认识论的第二个实际。

四、结语

矛盾导致混乱，而混乱的解决则需要理性的思考。“第三条道路”并非实现警察出庭作证之最终出路，只是我国刑事诉讼结构性二元矛盾影响下一种相对合理的选择，或者说仅是警察出庭作证制度建立完善过程中的一项权宜之计。同样，本章的反思也不是终点，只是对我国警察出庭作证新规的初步认识而已。十一届三中全会后，中

① 龙宗智：《证据法的理念、制度与方法》，法律出版社 2008 年版，第 199 页。

② ［美］利奥：《警察审讯与美国刑事司法》，刘方权、朱奎彬译，中国政法大学出版社 2012 年版，第 164 页。

国法制现代化开始重新起步和发展，进入“苏联的影响逐渐衰减，开始取法美欧的阶段”。① 此阶段的显著特征即是程序正义和人权保障理念逐渐深入人心，包括警检关系在内的我国刑事诉讼体制理应顺势而变，通过刑事诉讼知识体系结构达到和谐统一，消除警察出庭作证面临的二元矛盾。这意味着“第三条道路”要随之渐进向左侧偏移，使我国警察出庭作证亦如欧美法治国家那样，成为一件司空见惯的事，此时有限度的警察出庭作证认识论，也就将自然被常态化的警察出庭作证认识论取代。

① 樊崇义主编：《诉讼原理》（第2版），法律出版社2009年版，第589页。

第三章　我国刑事诉讼中“情况说明”的属性、样态与规制

本章提要

在我国刑事诉讼中，侦查机关及人员制作使用“情况说明”的现象极为普遍，“情况说明”已通过法律解释取得了证据能力。但由于我国《刑事诉讼法》未明确其证据属性，加之与直接言词原则相背离，致使“情况说明”长期以来为学界所诟病。法律解释中的“情况说明”面临着矛盾面向，司法实践中的“情况说明”也与立法形成“拉锯”的状态，这些无不使“情况说明”显示出多维复杂的样态。承认“情况说明”及其解释性规则的相对合理性，构建一种有限度的提供“情况说明”认识论，并共同规范其形式和内容、引入“看得见”的制作与使用机制、细化完善瑕疵证据合理解释条款，有助于在现行诉讼体制下对“情况说明”进行必要的规制。

我国1996年《刑事诉讼法》规定了七类证据，2012年修法改为八类（2018年《刑事诉讼法》同），“情况说明”皆不在其列。但是，“情况说明”之证据能力已获法律的解释认可，及在刑事司法实

践中被广泛使用却成为不争的事实，长期以来为学界所诟病。[①] 在我国线形诉讼构造下，公检法机关运用“情况说明”有着浓厚的“中国化”色彩，大致表现是：公安机关可以其固证，检察机关可凭其起诉，法院可用其判案。实然的“情况说明”已具备了证据能力，并显示出较强的证明力，致使司法实践中侦查人员“基本上不出庭作证”。[②] 鉴于“情况说明”并非专门法律术语，为方便论述，本章将其界定为：侦查机关及人员出于解释、证明之目的就刑事诉讼相关问题提供的书面说明材料。在此基础上，本章结合《刑事诉讼法》、法律解释条文和司法实践，分析我国刑事诉讼中“情况说明”的证据属性及其立法和司法实践样态，进而在“相对合理主义”下，提出调整改革之设想。

一、“情况说明”的证据属性辨析

有关“情况说明”的证据属性之争由来已久，争论焦点围绕“情况说明”是否是证据及属于何种证据类型展开。究其原因，在于法制的应然与实然间存在一定差距，即我国《刑事诉讼法》没有明确将“情况说明”纳入证据种类，而在刑事司法实践中，“情况说明”却被广泛运用，且有的已经具备了证据资格。立法表达与司法实践间的矛盾，虽然有利于警检机关通过司法实践实现其控诉职能，但是，由于缺乏《刑事诉讼法》的明确支持，警检机关同时陷入了提供“情况说明”可能背离《刑事诉讼法》规定的尴尬境地。这种局面的出现，又因检察机关审查起诉大都对“情况说明”持“默许”态度，以及法院判决大都对“情况说明”的证据资格和证明力予以确认变得愈加复杂。笔者收集的一份刑事案卷显示，某公安局提供的

---

① 为便于论述，本章所用的“法律解释”为一个宽泛概念，包含了最高人民法院、最高人民检察院发布的司法解释，以及有关部门单独（如公安部）或联合（如“两高三部”）发布的有关《刑事诉讼法》实施的规定。

② 王永杰：《从讯问到询问：关键证人出庭作证制度研究》，法律出版社 2013 年版，第 131 页。

“情况说明”，顺利通过了检察院审查，并最终被法院裁判采纳，刑事判决书针对案件证据云：“上述事实，有被告人王某供述；证人李某、何某、赵某证言；某市某区环境监察支队出具的监测报告(2014—水质—W—230)、某市环保局关于某区某村西南钢管厂排放废水水样物质鉴定报告；现场勘验检查笔录、现场图、现场照片；送货单、出库单、厂房租赁协议；常住人口信息、‘情况说明’、案件来源、抓获经过等证据，足以认定。”判决书上清晰表明了法院对“情况说明”证据资格和证明力的认可。

从笔者收集到的64件刑事案卷看，判决书一旦涉及“情况说明”，便会以“上述事实有……‘情况说明’等证据加以认定”进行模式化的表述。对此，笔者和一些法官做过交流，他们无一不知“情况说明”并非法定证据类型，但也承认司法实践中常常“自然而然”地视其为证据，并产生了较高程度的内心确信。进而“情况说明”立法表达与司法实践间的矛盾，又以法官的理性认识与具体司法适用的矛盾展示出来，深陷矛盾中的法官在现有的制度框架内，只好作出一种相对谨慎的选择——在判决书中先行罗列法定证据类型，而把非法定证据种类的“情况说明”摆到最后。就法治建设而言，苏力曾指出：“司法是一个最有可能有所作为并产生实际影响的途径，其影响力可能远远超过立法。”[①] 立法和司法对“情况说明”的不同态度，恰好印证了这个论断。依循着这种论断，有必要跳出线性思维对“情况说明”进行二元式解读：一方面，是不脱离司法实践地对“情况说明”之证据属性，作法律概念上的逻辑自洽辨析；另一方面，既然司法实践已默认“情况说明”之证据资格，故可结合对司法实践具有指导意义的法律解释，对其进行司法适用分析。这里先从法律概念表达层面辨析“情况说明”的证据属性。

---

① 苏力：《法治及其本土资源（修订版）》［什么是你的贡献？（自序）］，中国政法大学出版社2004年版，第7页。

由于《刑事诉讼法》对“情况说明”缺乏明确规定，理论和实务界对其证据属性的认识存在分歧，归纳起来，主要有完全否定说、大部分否定说、大部分肯定说三种观点。① 前两种观点一般通过规范法学意义上的逻辑推演，以“情况说明”不是法定证据形式或不具备合法性为由，基本否认了“情况说明”的证据属性。这种否定性的认识在一些西方国家也有体现。例如，法国《刑事诉讼法》对证据形式持包容的态度，其中第427条规定：“除法律另有规定外，犯罪得以任何证据形式认定，并且法官得依其内心确信做出判决。”尽管如此，法国理论和实务界还是对证据形式有较为统一的认识，如据法国法学家布洛克归纳，通常来说，可以作为证据的有书证、物证、证人证言、现场勘验或搜查时发现的线索或痕迹，有时也将鉴定归入其中；“决讼宣誓”和“传闻证据”不允许在刑事诉讼程序中采用。而对于“情况说明”，布洛克特别指出：“提供的‘情况说明’可以使法官看清事情的真相，但是，这些‘情况说明’（仅）构成‘线索’或者‘人的推定’，而不能构成犯罪的证据。”②

与法国理论和实务界的一致认识迥异的是，反观我国刑事诉讼中“情况说明”已被广泛运用的司法现实，则会出现与规范法学分析相背离的结果，对其证据属性的认识恐怕只能持大部分肯定说，而作出这种判断的标准正是大部分“情况说明”对案件事实起到了特殊的证明作用。持这种态度的黄维智先生指出，从内容上看，大多数“情况说明”均属于证据，但形式上或多或少存在瑕疵，因此，内容上与案件相关的“情况说明”属于瑕疵证据。③ 显然，这种观点立足

① 罗嫱：《试述刑事案件中的“情况说明”》，载《中国检察官》2010年第2期，第28页；马党库：《刑事诉讼中“情况说明”之于定案依据》，载《人民司法》2012年第21期，第27页。

② ［法］布洛克：《法国刑事诉讼法》（第21版），罗结珍译，中国政法大学出版社2009年版，第73页。

③ 黄维智：《刑事司法中的潜规则与显规则》，中国检察出版社2007年版，第204页。

于“情况说明”内容的证明价值，对其证据属性作了基本肯定的判断。这一点在司法实践中也有明显表现，在笔者收集的64件案卷中，全部都有名为“归案经过”“抓获经过”的“情况说明”，并且其证据资格皆为法院判决所确认，作出了上引刑事判决书那样的模式化表述。如果抛开法定证据形式不说，仅就其内容而言，这些“情况说明”确实起到了证明犯罪嫌疑人如何到案、有无拒捕、是否认罪等情节的作用，而这些情节恰恰是与被告人利益攸关的量刑事实。由此，要清楚认识“情况说明”的属性便不能就文本论文本，而不顾及活生生的司法实践，笔者赞同黄宗智先生的看法，法律表达与实践之间既有相符之处也有相悖之处，因为法律在实际运作之中，必须在一定程度上适应社会实际，正是表达与实践之间和法律与社会之间的既矛盾又抱合的关系，组成了法律体系的整体。① 可以说，刑事诉讼立法和实践中“情况说明”作为证据运用之间的矛盾与拉锯，共同构成我国证据制度体系的一部分。而“情况说明”如何适应社会实际，则反映了大多“情况说明”最起码的诉讼价值：证明案件相关事实、印证其他证据或者解释、补正瑕疵证据，从而起到节制诉讼成本、摆脱证明困境、提升办案效率之作用。

至此，笔者认为对“情况说明”之证据属性可持一种实用主义立场，而不必过于拘泥证据形式：只要“情况说明”对案件事实有证明作用，就将其视为证据。这一点除已被司法实践证实外，也可以通过分析我国《刑事诉讼法》条文进行逻辑自洽。一是从证据内容来看，《刑事诉讼法》第50条将证据界定为“可以用于证明案件事实的材料”，这表明立法者已经放弃了原有的证据“事实说”，转而采用“材料说”，而“情况说明”是一种书面材料当属无疑。如果对证据的理解按一些学者所主张的“根据说”，即证据是证明案件事实

① ［美］黄宗智、尤陈俊主编：《历史社会法学：中国的实践法史与法理》，法律出版社2014年版，第1页。

或者与法律事务有关之事实存在与否的根据，[①] 显然，刑事判决书对“情况说明”的认可便足见其“定案根据”的属性。因此，不管是学理上的证据“根据说”，还是立法所持的“材料说”，都为“情况说明”进入证据范畴提供了空间。二是从证据形式来看，“情况说明”的证据属性也可以通过《刑事诉讼法》有关证据种类的规定得以自洽。对此，一些学者建议，鉴于“情况说明”并非法定的证据种类，可在综合考虑后分别归入书证、证人证言、鉴定意见等不同的法定证据种类中，[②] 至于“情况说明”同被害人陈述、口供、侦查实验笔录、电子数据等法定证据种类的差异显而易见，这里不再赘述。但是，此种对“情况说明”分门别类之主张却存在明显缺陷。表 1 略作比较，即可看到“情况说明”同这些法定证据种类之差异。

表 1　部分法定证据种类与“情况说明”的主要差异

“情况说明” 法定证据种类	与“情况说明”的主要差异点
书证	书证形成于案件事实发生之前，且客观性较强；“情况说明”形成于诉讼过程中，由办案人员制作，具有一定的主观性。
证人证言	证人证言是证人就了解的案件事实向司法机关所作的口头或书面陈述，证人了解案件事实一般发生在诉讼开始前；“情况说明”是办案人员对侦查相关情况所作的书面记载，办案人员知晓侦查情况发生在诉讼开始后。

---

① 何家弘、刘品新：《证据法学》（第 5 版），法律出版社 2013 年版，第 109 页。

② 黄维智：《刑事司法中的潜规则与显规则》，中国检察出版社 2007 年版，第 207 - 209 页；夏阳：《浅谈刑事案件中的“情况说明”》，载《西南政法大学学报》2013 年第 4 期，第 79 页。

（续表）

“情况说明” / 法定证据种类	与“情况说明”的主要差异点
鉴定意见	鉴定意见属“科学证据”，是对专门问题的判断（事实认定），不解决法律争议问题；“情况说明”既可能涉及事实问题，也可能涉及法律问题。
勘验检查笔录	勘验检查笔录因其“实况”记录性质而具有综合证明功能；“情况说明”一般是对案件事实“片段”或“细节”特征的反映。
视听资料	视听资料属“高科技证据”，其他同书证与“情况说明”的差异类似。

正是这些差异，使重新审视“情况说明”属于何种证据类型殊显必要。笔者倾向于把“情况说明”归属于独立的笔录证据，而不必归入其他证据类型中。这样做的好处主要有两个：一是有助于走出“情况说明”与其他证据形式相混淆之困局。将“情况说明”归入其他证据种类，其实是因对《刑事诉讼法》明示的证据形式的过分强调所致，“分门别类”的主张可能会进一步加剧证据内容与证据形式之间的矛盾，致使对“情况说明”本已模糊的证据资格的理解更加混乱。二是有利于司法实践对“情况说明”的审查应用。“情况说明”往往是对刑事诉讼程序运行过程的反映，“分门别类”则可能使程序过程的正当性、合法性难以得到综合反映，从而给司法实践中审查应用“情况说明”带来不便。笔录证据是侦查人员在刑事诉讼程序启动后对特定侦查活动所制作的书面记录，[①]“情况说明”与笔录证据的基本特征显然是高度吻合的，而且我国刑事审判大都将“情况说明”在判决书中单列出来，没有纳入书证、证人证言、鉴定意

① 陈瑞华：《刑事证据法学》，北京大学出版社2012年版，第116页。

见等证据类型进行表述，说明其独立性已得到了司法实践的认可。2012年《刑事诉讼法》第48条将“勘验、检查、辨认、侦查实验等笔录”作为一类证据，实际上打破了1996年《刑事诉讼法》仅将勘验检查笔录列为笔录证据的封闭式分类。“等”字表明笔录的种类还有待扩展，[①] 这显系一种对笔录证据的开放式立法表达，而翻检《刑事诉讼法》相关条文，除现行2018年《刑事诉讼法》第50条明示的四类笔录证据外，笔录证据至少还包括提取笔录（第132条），搜查笔录（第140条），查封、扣押笔录（第142条）等形式。依此类推，可以顺理成章地将与笔录特征相吻合的“情况说明”归入“等笔录”之中。

二、“情况说明”的立法与司法实践样态

鉴于长期以来我国存在独特的法制现象——公检法机关拥有解释和适用刑事诉讼法的“话语权”，[②] 如果将《刑事诉讼法》看作相对原则化的立法表达，那么，公检法机关对《刑事诉讼法》的法律解释无疑是更为具体化的立法，而公检法机关适用《刑事诉讼法》则是一种活的司法实践。在《刑事诉讼法》缺乏明文规定的情况下，法律解释对“情况说明”的规定实则填补了缺漏，一定程度上彰显了其立法样态。对“情况说明”的司法实践样态，将通过收集案卷中的部分“情况说明”予以阐释。需指出的是，针对“情况说明”，《刑事诉讼法》基本原则精神、公检法机关的法律解释、活的司法实践，乃至掺杂于其中立法本身的矛盾、立法与司法的拉锯等，共同构成了我国“情况说明”法律体系的整体，在此将尽力剖析之。

（一）法律解释中的“情况说明”及其矛盾面向

长期以来，“情况说明”都处于法无明文规定的缺位状态，直到

---

① 樊崇义主编：《2012刑事诉讼法：解读与适用》，法律出版社2012年版，第76页。

② 万毅：《微观刑事诉讼法学：法解释学视野下的〈刑事诉讼法修正案〉》，中国检察出版社2012年版，第77页。

1998年《最高人民法院关于执行〈中华人民共和国刑事诉讼法〉若干问题的解释》。[①] 该法第53条规定，在提供证据副本、复制件及照片、音像制品时，应附有制作过程的“文字说明”及原件、原物存放何处的“说明”，并由制作人签名或盖章。尽管有人认为此“说明”有别于当前案卷中的“情况说明”，但因该条规定首次明确了“说明”二字，故不失为新中国有关“情况说明”立法之滥觞。这种解释得到了同期《人民检察院刑事诉讼规则》（以下简称旧《刑事诉讼规则》）的呼应，根据其第258条之规定，如果检察机关对物证、书证、视听资料、勘验检查笔录存在疑问，可以要求侦查人员提供获取、制作有关情况。显然，提供获取、制作有关情况实际上就是《最高人民法院关于执行〈中华人民共和国刑事诉讼法〉若干问题的解释》中的“说明”之意。类似的表达得到了2010年“两高三部”发布的《办理死刑案件证据规定》第6、9、27条和2012年《最高人民法院关于适用〈中华人民共和国刑事诉讼法〉的解释》（以下简称新《解释》）第69、73、92、93条的继承发展。[②] 此外，同期法律解释还对“情况说明”作了更丰富的规定，正是这些规定为当下“情况说明”的存在和适用奠定了合法性。其中，《办理死刑案件证据规定》第31条对“破案经过”等说明材料作出规定，2010年“两高三部”发布的《非法证据排除规定》（与前一规定并称“两个证据规定”），第7条确立了审前供述取得的合法性说明材料的证据资格，

① 笔者在调研时了解到，在《最高人民法院关于执行〈中华人民共和国刑事诉讼法〉若干问题的解释》颁行前，“情况说明”的提供显得相当柔性、被动，一位已退休的刑侦民警告诉笔者：“那时一般只有在其他机关对案件有疑问向我们咨询时，我们才对相关情况进行口头说明，当然，经领导同意有时也会提供书面说明，至于怎么写，按我们的意思来就可以了。”

② 这些条文从证据审查认定的角度对“情况说明”作了规定，包括：物证的照片、录像、复制品，书证的副本、复制件，视听资料的复制件等有无无法调取原件的原因、制作过程和原件存放地点的说明，有无制作人签名盖章；提取、复制电子邮件、网上聊天记录、博客、微博客、手机短信等电子数据有无提取、复制过程和原始存储介质存放地点的文字说明和签名等。

并规定了法定主体签名或盖章之基本形式要求。《办理死刑案件证据规定》第18、24、39条还分别对供述和辩解未入卷的说明、疑问鉴定意见的说明、自首和立功证明材料[①]等作了规定。而这些规定大都在2012年《刑事诉讼法》修正后颁布的相关法律解释中得到继承发展。这里用表2表示这种继承发展关系。

表2 法律解释有关“情况说明”规定的继承发展

旧的解释	新的解释	继承发展内容
《非法证据排除规定》第7条	新《解释》第101条	取证合法的说明材料
	新《规则》第72、378、429、446条	
《办理死刑案件证据规定》第31条	新《解释》第108条	破案经过、到案经过、抓获经过等说明材料
《办理死刑案件证据规定》第39条	新《解释》第110条	自首、坦白、立功证明材料

这种继承发展在一定程度上反映了相关规定的变化。比如，《非法证据排除规定》第7条仅适用于审前供述取得合法性的说明，而之后的“两高”法律解释相关条文则将其扩展到整个取证过程合法性的说明，即是说除了审判前的供述，侦、控、审阶段各类证据收集的合法性都可以通过出具“情况说明”进行证明。而新《解释》第101条对这类说明材料不能单独证明取证过程合法性的规定，则显示了初步的补强证据规则，意即运用“情况说明”证明取证过程合法这一程序事实时，因其“存有弱点，须与他证据合并提出之规则”。[②]

① 虽然法条中用的是“证明材料”之说，但在司法实践中侦查机关就犯罪嫌疑人是否构成自首、立功问题提供的书面“情况说明”却大量存在。参见吴秀玲、缪新涛：《规范立功问题相关“情况说明”的证据学进路》，载《安徽警官职业学院学报》2012年第4期，第48－50页。

② 陈朴生：《刑事证据法》，台湾三民书局1979年版，第534页。

又如，新《解释》第110条遵循“两高三部”印发“两个证据规定”的通知中办理其他刑事案件参照《办理死刑案件证据规定》执行的意见，将自首、立功等证明材料，从死刑案件扩张至所有的案件，同时明确了签字盖章的基本形式要求。除了这些直接有关“情况说明”的规范之外，法律解释中大量针对瑕疵证据的“补正”或“合理解释”条款无疑为适用“情况说明”预留了较大制度空间，如《办理死刑案件证据规定》第9条关于物证、书证收集程序或方式有瑕疵可补正或作出合理解释、新《解释》第82条对瑕疵讯问笔录补正或合理解释、第89条对不合法勘验检查笔录作出合理解释或说明的规定，皆是如此。可以说，自2010年“两个证据规定”颁行以来的一系列法律解释或直接或间接的规定，共同构成了我国“情况说明”的规则体系。由于这些规定都以法律解释具体条文的形式体现出来，笔者姑且将其称为“解释性”的规则体系。理论和实务界早已根据不同标准，对我国司法实践中的“情况说明”进行了类型化，如依证明内容的不同，可分为实体法事实、程序法事实、证据事实的“情况说明”；按作用之不同，可分为起补充作用、确认作用的“情况说明”；按证明力之不同，又可分有独立证明力、依附其他证据发挥证明力的“情况说明”，等等。[①] 很明显，司法实践中的各类“情况说明”基本上都能在解释性规则体系中找到直接或间接的依据。如果从我国关于“情况说明”并不算长的立法史角度看，其立法大约经历了一个从无到有，“由点及面”逐步走向体系化的过程。所谓“点”就是指与1996年《刑事诉讼法》相配套的法律解释中开始出现关涉某程序类“情况说明”的规定，而“面”则是以2010年“两个证据规定”的出台为起点，法律解释中有关“情况说明”条文的

---

① 李春刚、王凯：《办案“情况说明”的证据学思考》，载《证据科学》2009年第2期，第194－195页；夏瑜、周东生：《刑事案件“情况说明”的证据属性》，载《检察日报》2011年7月5日第3版。

增多、规定的明确化，及其被后来与2012年《刑事诉讼法》相配套的法律解释条文继承发展。而法律解释的主体则由“两高”扩展到“两高三部”联合制定发布，这说明针对“情况说明”的规定由法检机关的“一家之言”，转变成为公检法司安机关的一种共识。有学者在评价“两个证据规定”的不足时指出这种“非驴非马”式的“情况说明”，“根本不能具有证据资格，长期以来为学术界所诟病，但却经过包装堂而皇之地成为了证明手段，此种条文的出现实难服众”。[①] 该评价实际上也从侧面反映出“两个证据规定”确实是我国“情况说明”立法“由点及面”发展的一个重要界限。

德国法学家拉伦茨提出，法律解释“始终都与该当法秩序的整体及其基础的评价准则密切相关”“在一定程度上，每个法律解释都有其时代性”。[②] 据此，在理想状态下，法律解释应与被解释的法律及其符合基础评价标准的法秩序具有高度契合性，而契合的程度则反映了法律解释“正确性”之强弱。所以，通过对照被解释的两部《刑事诉讼法》和修法的背景目标，可以看清“情况说明”解释性规则体系的矛盾面向——与《刑事诉讼法》的背离（对立）或契合（统一）。1997年《刑事诉讼法》没有“情况说明”的只言片语，反而是对这部《刑事诉讼法》进行解释的“两个证据规定”等法律解释超越了《刑事诉讼法》条文，率先出现“情况说明”的立法表达，并确认了其证据资格，显示出同《刑事诉讼法》特别是其中证据规定相背离的一面。回顾我国《刑事诉讼法》的发展历程，1979年《刑事诉讼法》偏重于维护国家追诉权力，较之职权主义诉讼，促成了以控诉权更强大、被告人主体地位弱化、审判权泛行政化为特征的

---

① 陈卫东：《中国刑事证据法的新发展——评两个证据规定》，载《法学家》2010年第5期，第24页。

② ［德］拉伦茨：《法学方法论》，陈爱娥译，商务印书馆2003年版，第195－196页。

“强职权主义诉讼模式”;[①] 1996 年《刑事诉讼法》吸收了英美法系对抗制的内容，弱化强职权主义因素，强化控辩职能，突出对犯罪嫌疑人、被告人权利的关怀。如果结合《刑事诉讼法》第一次修改的这些背景目标，法律解释对“情况说明”证据资格的肯定，显然不利于修法目标之达成，难怪学界批评“情况说明”是“万能膏药”“证据白条”，易滋生诸如违背直接言词原则、传闻证据规则、侵犯辩方质证权等弊端。裁判基础必须“出于”直接、言词及公开的审理庭，这是近代刑事诉讼法从纠问制度进化到控诉制度的重大改革。[②] 但是，1996 年《刑事诉讼法》并未明确直接言词原则，反而根据 1996 年该法第 157 条之规定，未出庭证人证言笔录、鉴定人的鉴定结论、勘验笔录和其他作为证据的文书，经当庭宣读并查证属实的，可以作为定案的根据。实际上，质证即具有当面对抗性，“对证据的内容提出质疑是质证的根本目的，对提出证据的人进行质问是质证的基本形式”。[③] 这种“质纸证”的规则，无疑是同直接言词原则相背离的，会导致庭审质证之虚化，甚至使 1996 年《刑事诉讼法》完成的“审判方式改革”失去了实际意义，从而成为对抗性程序成功运行的硬伤。而“情况说明”解释性规则体系背后那种以书面说明替代出庭作证的逻辑，正好契合了《刑事诉讼法》以案卷笔录为中心的制度设置。法律解释与法律之间的这种矛盾面向，在法律解释体系内部也存在。譬如，旧《规则》第 339 条关于宣读笔录的表述，就与第 258 条说明情况的规定相契合，显示了以案卷笔录为中心的一致性倾向；而《非法证据排除规定》第 7 条第 1、2 款关于讯问人员出庭作证的规定，则与同条第 3 款提供书面说明材料之说混杂在一起，两者背后迥异的支撑原则形成了明显的冲突。

---

① 汪海燕:《我国刑事诉讼模式的选择》，北京大学出版社 2008 年版，第 144 – 147 页。
② 林钰雄:《干预处分与刑事证据》，北京大学出版社 2010 年版，第 147 页。
③ 何家弘:《短缺证据与模糊事实：证据学精要》，法律出版社 2012 年版，第 377 页。

“情况说明”解释性规则体系所显露出的矛盾面向，并未因2012年《刑事诉讼法》的第二次修正得以消除，反而变得愈加复杂起来，这至少在三个方面有所体现。第一，2012年修法虽尽力在制度设置上突出人权保障价值，但却依然未明文规定直接言词原则，1996年《刑事诉讼法》第157条以宣读笔录为举证形式的“质纸证”规则被2012年该法第190条完整保留，这使修法前“情况说明”解释性规则体系面临的矛盾面向得以延续，没有发生实质改变。而配套法律解释的内部矛盾也与之前相差无几，如新《解释》第101条两款规定之间的矛盾，就与《非法证据排除规定》第7条反映出来的侦查人员出庭作证与提供说明材料的矛盾面向十分类似。[①] 第二，2012年《刑事诉讼法》第57、187条及配套法律解释增设侦查人员出庭作证之规定，本为使其走上法庭接受质询以打破长期以来不出庭的“警察特权”，[②] 但却同法律解释中大量“情况说明”条文背后的案卷笔录中心主义，共同形成了巨大的制度张力。第三，这种制度张力可能会带来公安司法机关出于部门利益考虑，选择性适用法律条文之弊，这一点又在将侦查人员出庭作证和提供“情况说明”平行规定并作为“二选一”证明手段的条款中，暴露得尤为充分。例如，依新《解释》第110条之规定，对于自首、坦白、立功等量刑事实，在一定情况下，法院应当要求有关机关提供证明材料或相关人员出庭作证，并结合其他证据予以认定；新《规则》第446条规定，在庭审期间，检察机关可以要求侦查机关对取证的合法性进行说明或提供相

① 新《解释》第一百一十条第一款规定：“法庭决定对证据收集的合法性进行调查的，可以由公诉人通过出示、宣读讯问笔录或者其他证据，有针对性地播放讯问过程的录音录像，提请法庭通知有关侦查人员或者其他人员出庭说明情况等方式，证明证据收集的合法性”，第二款规定：“公诉人提交的取证过程合法的说明材料，应当经有关侦查人员签名，并加盖公章。未经有关侦查人员签名的，不得作为证据使用。上述说明材料不能单独作为证明取证过程合法的根据。”显然，两款规定之间存在明显的侦查人员出庭作证与提供说明材料并列的矛盾面向。

② 李玉华、周军等：《警察出庭作证指南》，中国人民公安大学出版社2014年版，第4页。

关证明材料。实际上，这种选择性条款通过授权的方式，易导致提供“情况说明”成为专门机关优先考虑使用的证明手段，侦查人员出庭作证反而会被束之高阁而沦为一种边缘化规定。

（二）司法实践中的“情况说明”及其同立法的拉锯

与“情况说明”解释性规则体系相对应，司法实践中“情况说明”的覆盖面也很广泛。有学者研究发现，20 世纪 80 年代以来，有关侦查情况的说明成为案卷中书证的主要类型，早期案卷中的“情况说明”甚至包括犯罪嫌疑人单位出具的“表现情况”“处理建议”等具有“时代特色”的材料。[①] 从笔者收集的 64 件案卷和接触掌握的一些案件来看，“情况说明”也几乎包罗了所有刑事案件类型，主要涉及说明案件来源、抓获经过、破案经过、自首立功、未刑讯逼供，无法辨认、指认、估价、查找作案工具，关于主体身份、鉴定意见、物证书证提取过程、其他涉案人员处理情况等。以 64 件案卷为例，每件案卷中都有“情况说明”；除去侦查人员对同案犯出具的内容雷同的“情况说明”，全部案卷共计 137 份，案均约 2.1 份；最多的在其中 1 件涉毒案卷中有 8 份。[②] 如果算上一份“情况说明”包含多个说明事项的情形，则这个比例还将有所提升。可见，“情况说明”已成为刑事案卷的“标配”。有学者分析“情况说明”时说，“情况说明”虽存在不少弊病，但也有能为审判提供更全面周延的事实基础、降低补充侦查难度、缓解证明困境、缩短诉讼时间、节约诉讼成本等效用。[③] 不过，实践中“情况说明”的利弊并非以一种“全有全无”的姿态展现出来，往往在显示功用时亦渐现弊病，两者之

---

① 左卫民、马静华等：《中国刑事诉讼运行机制实证研究（二）》，法律出版社 2009 年版，第 228 页。

② 一位资深法制民警曾告诉笔者，在其查评的涉及重大、复杂案件的刑事案卷（如命案卷宗）中，有时“情况说明”的数量甚至多至几十份。

③ 郭晶：《程序类“情况说明”的证据能力分析》，载《国家检察官学院学报》2013 年第 4 期，第 114－115 页。

拉锯实则现实与理想的拉锯，在相当程度上反映了司法与立法（特别是立法精神）间的拉锯。

一是“情况说明”的印证作用及对直接言词原则的背反。首先引起笔者注意的是，64 件案卷中皆有名为“归案经过”或“抓获经过”的书面材料，且都得到了法院判决的支持。这些材料大都在写明犯罪嫌疑人的姓名、性别、出生日期、户籍所在地（现住地）、身份证号等基本信息后，简要说明其到案经过，最后以办案单位、办案人、日期作为落款。对于这种材料，新《解释》第 108 条对其签字盖章的形式要求有明确规定，而实践中的做法与法律解释之规定是一致的。其中一份归案经过就犯罪嫌疑人到案情况写道：

“2013 年 9 月 6 日 15 时 30 分许，犯罪嫌疑人周某驾驶车牌为 × 的中型专项作业车在 S 区 W 镇 × × 建筑工地内倒车时，未注意观察后方情况，撞上正在车后的被害人韩某，造成韩某当场死亡。案发后，犯罪嫌疑人周某立即打电话报警，积极配合公安机关进行调查。到案后，如实向公安机关供述了其驾车撞上韩某致韩某死亡的过程。”

这份材料并非一份简单的归案经过，也是一份关于犯罪嫌疑人自首的“情况说明”。而这份材料无疑符合了新《解释》第 110 条关于自首证据材料的形式要求。最终，法院通过这份归案经过与讯问笔录中被告人供述相互印证，认定了周某自动投案、如实供述罪行，构成自首的事实。笔者调研发现，基层法制民警认为，到案经过主要解决“人从哪儿来”的问题，所以案卷中基本上“必不可少”；法官则普遍感到，“情况说明”可使案件事实和证据细节更加清晰，促使自己产生内心确信。这深刻反映了当下我国刑事诉讼“印证证明模式”占主导地位的现实，其证明之关键乃在“获得相互支持的其他证据”。[①] 正因如此，法官要认定案件事实，就要通过证据间的相互支持

① 龙宗智：《证据法的理念、制度与方法》，法律出版社 2008 年版，第 198 - 199 页。

加以审视，为使某一证据的真实性得到其他证据的验证，某些情况下专门机关出具的“情况说明”便必不可少了。这一点在一件贩毒案卷中关于未找到“下家”的“情况说明”中也有所体现，其主要内容为：经审讯，归案犯罪嫌疑人交代了下家的绰号及电话联系方式，但侦查人员并未据此顺利查找到下家，于是出具了查找下家未果的“情况说明”。最后，这份“情况说明”在庭审中被采信，尽管侦查并未查清归案被告人在共同犯罪中的作用，但法官仍“放心”地对被告人作出了有罪判决。当笔者问及本案审判长，如果没有这份“情况说明”案件该怎么办时，得到的回答是那会使自己在审阅卷宗时对下家的下落产生疑问而影响定案——为何犯罪嫌疑人已在讯问笔录中供述了下家的基本情况，案卷中却没有下家的侦查结果。无疑，这份“情况说明”也通过强化证据间的相互印证，解决了“人为什么没来”的问题，使整个案情能够“自圆其说”。

不过，“情况说明”的印证效用却犹如一把“双刃剑”，在现行诉讼体制下很容易逾越理性的证据规则而走向问题的反面，这也与印证证明可能带来的风险是相对应的。在这 137 份“情况说明”中，就有 8 份系犯罪嫌疑人、被告人在起诉或庭审时翻供，侦查机关和人员为证明其讯问之合法性而出具的。从内容来看，这些“情况说明”都不复杂，基本是对侦讯严格依法进行、没有使用暴力、威胁等非法取证行为这一结论的强调。针对其中 5 份，辩方提出了异议，5 份中又有 3 份辩方要求侦查人员出庭，尽管如此，也没有侦查人员出庭与辩方对质，最终法庭还是采信了侦查机关出具的未刑讯逼供的“情况说明”。有学者研究发现，近年来出现的一些“冤假错案”足以表明，这些在形式上达到“证据相互印证、形成完整证明体系”的案件，其实所证明的却是一个错误的事实结论。① 对此，稍加推理即可

① 陈瑞华：《刑事证据法的理论问题》，法律出版社 2015 年版，第 192 页。

看到“情况说明”对直接言词原则之背反，以及可能给案件公正裁判带来的风险：一是现阶段“情况说明”质证基本上“依法”以宣读说明材料的方式进行，印证实则演变为案卷笔录之间的相互验证，从而使辩方丧失了与控方当庭对质的机会，顶多只能对书面说明提出一些“无关痛痒”的质疑，导致庭审质证之形式化，而这恰是《刑事诉讼法》修改之庭审实质化目标力图避免的结局。二是侦查机关和人员单方出具“情况说明”，法律解释虽已明确签字盖章的基本形式要求，但这并不必然强化“情况说明”之证明力。侦查机关和人员出于部门利益考虑，进行利己的说明，这难以使证据的真实性得到有效印证，更无法改变侦查人员在办案中形成的对案件的“固化”认识，反而可能使非法取证行为隐藏得更深。源起于德国刑事诉讼的直接言词原则，曾被这样界定，“法官以从对被告之讯问及证据调查中所得之结果、印象，才得作为其裁判之基础”是为直接原则，“只有经由言词所陈述及提及之诉讼资料方得用为裁判之依据”是为言词辩论主义。[①] 而直接原则的产生很可能是受到了英国证据法思想的启发，该原则尽管不适用于证人，却限制了某些证据种类——英美法系的律师称之为“书面的传闻”——的使用。[②] 对照被西方法治国家奉为圭臬的直接言词原则和传闻证据规则，不难看到在我国立法中“虚化”[③] 的直接言词原则影响下，“情况说明”之运用与该原则要义之间的距离。

---

① ［德］克劳思·罗科信：《刑事诉讼法》（第24版），吴丽琪译，法律出版社2003年版，第117、429页。

② ［美］达马斯卡：《比较法视野中的证据制度》，吴宏耀、魏晓娜译，中国人民公安大学出版社2006年版，第275－276页。

③ 之所以称“虚化”的直接言词原则，是因为当下我国诉讼法及其法律解释，与以直接言词为核心的实质化庭审仍相去甚远，在立法层面存在的冲突和缺陷就有：《刑事诉讼法》第59条与第190条相冲突；证人、鉴定人应当出庭的条件规定过于严苛，且未明确证人不出庭之程序性后果；拒绝出庭作证制度加剧庭审形式化；证人保护及经济补偿制度还不完善，等等。参见汪海燕：《论刑事庭审实质化》，载《中国社会科学》2015年第2期，第111－112页。

二是“情况说明”的补正解释作用及对非法证据的转化。在司法实践中，“情况说明”的补正主要针对瑕疵证据进行。所谓瑕疵证据，一般是指因轻微的取证行为不合法所导致，或取证行为合法但却不合侦查机关内部规范而导致的非法证据，也有学者称之为“技术性的非法证据”。①鉴于瑕疵仅系一些技术性、细节性的缺失，故证据法往往对瑕疵证据有一定的容忍度。我国法律解释中有关“补正”与“合理解释”条款（以下简称“补正解释条款”）为“情况说明”提供了较大的使用空间。笔者对这类条款作了梳理，在1996年《刑事诉讼法》和与之配套的“两高”、公安部的法律解释中未见相关规定，随着2010年“两个证据规定”的出台这类条款开始出现，其分布如表3所示：

表3　补正解释条款在立法中的分布

立法	条数（具体条目）
《办理死刑案件证据规定》	共7条（第8、9、14、21、26、28、30条）
《非法证据排除规定》	共1条（第14条）
2012年《刑事诉讼法》	共1条（第54条，2018年《刑事诉讼法》第56条同）
《程序规定》	共2条（第62、67条）
新《规则》	共3条（第66、71、311条）
新《解释》	共6条（第71、73、77、82、89、94条）
合计	共20条

这20条规定对侦、控、审三阶段中物证、书证、证人证言收集程序，书证有更改或更改迹象，视听资料、电子数据制作和取得，讯问笔录、勘验检查笔录、辨认等瑕疵作了补正解释之规定。其中，新《规则》第66条还界定了补正解释，前者是指对取证程序的非实质

① 林喜芬：《两个证据规定与证据排除规则》，中国人民公安大学出版社2011年版，第69页。

性瑕疵进行补救，后者是指对取证程序的瑕疵作出符合常理及逻辑的解释。这些规定成为实践中多种类型“情况说明”存在的法律依据。但是，法律解释却未明确采用何种方式对瑕疵证据进行补正解释。笔者调研发现，司法实践中除少数非正式的口头解释外，侦查机关和人员大都倾向于使用低成本、相对“正式”的书面“情况说明”来应对。在137份“情况说明”中，也有近半数是对瑕疵证据进行补正解释的，且基本上都能按照补正解释条款“对号入座”。例如，一件盗窃案卷中“情况说明”的内容为：经调查，某小区监控录像显示的时间与犯罪嫌疑人交代的作案时间不一致，原因是当日监控设备时间设置有误所致。这份“情况说明”是对视听资料瑕疵的合理解释。又如，一件故意伤害案卷中“情况说明”对现勘笔录为何无见证人签名作了说明，系见证人遗忘所致。这份说明无疑补正了瑕疵勘验检查笔录之证据能力。

“情况说明”补正解释瑕疵证据虽具有合法性，但在司法实践中，瑕疵证据与非法证据判断的界限并没有理论上那么清晰，① 除现行诉讼体制使然外，受案件特殊性、宏观政策、法官认识等多方面因素影响，也会出现以“情况说明”补正解释非法证据，从而使其转化为合法证据的情形。例如，在一起生产销售有毒食品案件中，庭审时，辩方质疑公诉方提出的鉴定意见，认为鉴定意见没有鉴定人签名，应作为非法证据排除。于是，检方要求公安机关制作了一份“情况说明”，提出由于鉴定人害怕个人身份暴露遭打击报复，所以不愿签名而只有鉴定机构盖章。后来，这份“情况说明”为法官所采信，并据此认定了鉴定意见的证据能力。笔者从食药环案侦民警处了解到此种情形不在少数，而该案主审法官告诉笔者，如果将该鉴定

① 学者万毅从性质和效力两个方面，对瑕疵证据与非法证据的区别作了阐述。参见万毅：《论瑕疵证据——以“两个〈证据规定〉”为分析对象》，载《法商研究》2011年第5期，第119页。

意见排除在外，将难以对被告人准确定罪量刑，这与现在国家高度重视食品安全问题的政策背景不符。[①] 在此，法院也俨然成为“法律知识与司法技术结合的‘权力容器’”。[②] 而根据《办理死刑案件证据规定》第24条、新《解释》第85条之规定，恰恰这种缺少签名的鉴定意见属非法证据，是不能作为定案根据的。又如，一份盗窃案卷中关于未出示搜查证的“情况说明”记载，办案民警当时带了搜查证，但搜查时只向被搜查人表明了身份，未出示搜查证，也未让其签名，因此只是出示方式“欠妥”。尽管辩方要求排除搜查所获有关被告人身份的证据材料，但法官仍在信任“情况说明”的基础上，认可了该书证的证据能力。在日本，有学者认为，出示搜查证的作用是将搜查活动限定在令状记载范围内，以此保障犯罪嫌疑人的防御权，因此必须在事前出示。[③] 美国不同时期的多个判例针对搜查令状、非法搜查所获证据是否排除问题，由法官细分情况作出了不同的裁决。[④] 反观我国法官的做法当然无可厚非，2012年《刑事诉讼法》和法律解释中有关物证、书证收集的补正解释、裁量排除条款为之提供了法律支撑，理由是：“忘记签名或见证人不愿签名的情况在实践中时有发生，如果一律予以排除，则容易使一些关键证据无法使用，影响案件事实的查明，将给实践部门带来过度的工作压力，是不符合

① 从《刑法》的角度看，法官的说法是不无道理的，因为食品是否“有毒”是一个技术性问题，需要通过司法鉴定来证明。如果行为人在生产、销售的食品中掺入非食品原料，没有达到有毒、有害程度，但该食品不符合食品安全标准的，应以生产、销售不符合安全标准的食品罪论处。参见张明楷：《刑法学》（第4版），法律出版社2011年版，第653页。

② 强世功：《惩罚与法治：当代法治的兴起（1976—1981）》，法律出版社2009年版，第191页。

③ ［日］田口守一：《刑事诉讼法》（第5版），张凌、于秀峰译，中国政法大学出版社2010年版，第72页。

④ ［美］拉费弗、伊斯雷尔等：《刑事诉讼法》，卞建林、沙丽金等译，中国政法大学出版社2003年版，第559－562页；［美］德雷斯勒、迈克尔斯：《美国刑事诉讼法精解（第四版）（第一卷·刑事侦查）》，吴宏耀译，北京大学出版社2009年版，第165－173页；［美］丹尼尔·J. 凯普罗：《美国联邦宪法第四修正案：搜查与扣押》，吴宏耀、向燕等译，中国人民公安大学出版社2010年版，第89－319页。

我国实际情况的。”[①] 而一旦对司法实践过度迁就，在现行诉讼体制内，在办案人员大都用“情况说明”补正解释、法官自由裁量排除物证、书证的情况下，“情况说明”自然容易由瑕疵证据的“补正器”演变为非法证据合法化之“转化器”。

三是“情况说明”提高诉讼效率的逻辑与功能异化。所有自由的社会都在刑事诉讼中平衡自由、效率和合法的价值。[②] 显然，使用“情况说明”打破了这种平衡，更有助于效率价值之实现。笔者在调研中发现，对于检察机关退回补充侦查的案件，侦查机关习惯于用内容简略的“情况说明”来应对，即便检察机关已提出详细的补充侦查提纲，也是如此。一位检察官无奈地告诉笔者：“我们需要什么，他们（指公安机关及侦查人员）就能提供什么（指‘情况说明’）。”而在137份“情况说明”中，也有51份形成于审查起诉环节的补侦过程，69份直接产生于侦查阶段，只有17份发生在审判阶段。可见，审前程序特别是退侦过程是“情况说明”制作的高峰期。在现行诉讼体制下，一纸“情况说明”完全可能使侦查机关的侦查取证“偃旗息鼓”，使检察机关或无奈或欣然地接受它们，最后至少从形式上消除法官内心的疑虑，并据此对案件作出高效裁判。这就是“情况说明”提高诉讼效率的基本逻辑，这个逻辑明显更有利于公检法机关高效地处理案件，而不是辩方有效地行使辩护权。前述“情况说明”的印证和补正效用亦深刻地说明了此点。从审判终局性角度讲，这一逻辑还暗含了一个事实认定错误风险的移转过程，即控方制作、使用“情况说明”将保证证据真实、合法的责任成功移转至法庭，而法官在面对“情况说明”时，对其取舍取决于自由心证而

① 《刑事证据规则运用手册》编委会编：《刑事证据规则运用手册》，法律出版社2010年版，第61页。

② ［英］L. H. 利：《刑事诉讼中的自由与效率：模式的重要性》，郭志媛译，摘自［美］虞平、郭志媛编译《争鸣与思辨：刑事诉讼模式经典论文选译》，北京大学出版社2013年版，第133页。

非缜密的法律程序，最后结果多为接受而非排除便顺理成章了。

“情况说明”对诉讼效率的片面化提高易导致功能之异化，其背反直接言词原则、架空非法证据排除规则即是对印证和补正解释效用的一种异化。除此以外，一些案例还显示了“情况说明”的“规训化”现象。一位案侦民警告诉笔者，为获得犯罪嫌疑人口供尽快破案，他曾在讯问中以警方为其出具有利的说明材料为条件，最后犯罪嫌疑人如实交代了另一名涉案人员的信息。这份“情况说明”写到，雷某交代了自己把本田牌轿车抵给赌博人员杨某的事实及杨某的住址、手机号码，公安机关查找到杨某，证明雷某系如实交代。该“情况说明”最终成为雷某被法院以赌博罪从轻处罚的重要依据。有外国学者研究发现，讯问是一种讨价还价和谈判的形式，在此过程中，威胁与利诱被用来获取信息。[①] 这个案例正好反映了此种情形，而“情况说明”则是讨价还价和利诱的重要筹码。福柯指出，“规训”作为“权力—知识”相结合的产物，可以使“法律被颠倒方向，转化为自身之外的东西，反法律变成了司法形式的有效面制度化的内容”。[②] 此时的“情况说明”显然已背离法律解释的初衷，没有被完全用于印证或补正解释，其“规训化”现象无疑有助于诉讼效率的提升，使之成为侦查人员高效获取口供的筹码，变为由侦查人员单方掌控的一种诉讼资源，亦使其一定程度上决定了案件判决结果。而这种“规训”权力一旦走向极端，则容易造成权力寻租下控方制作、使用虚假说明材料的徇私枉法现象。[③]

---

① ［英］霍奇森：《法国刑事司法：侦查与起诉的比较研究》，张小玲、汪海燕译，中国政法大学出版社 2012 年版，第 274 页。

② ［法］福柯：《规训与惩罚：监狱的诞生》，刘北成、杨远婴译，生活·读书·新知三联书店 1999 年版，第 250 页。

③ 相关案例在互联网上已有报道。参见韩芳：《个旧三男子砍人“消遣” 一人“立功情况说明”被指伪造》，载 http：//society. yunnan. cn/html/2010 - 08/26/content_1322135. htm，2015 - 02 - 21；李宁：《派出所警长被指伪造工作说明私放盗窃嫌犯》，载 http：//news. sina. com. cn/s/2014 - 05 - 07/023030074002. shtml，2015 - 03 - 11。

三、“情况说明”法治化规制之理念与进路

美国大法官卡多佐说：“法律的终极原因是社会的福利，未达到其目标的规则不可能永久性地证明其存在是合理的。”[①] 这意味着追求特定目标的某一规则在某个阶段，总有其相对合理性，“情况说明”解释性规则体系即是如此。借用龙宗智教授提出的“相对合理主义”概念，就是以初级论与有限理性为理论出发点，在一个不尽如人意的法治环境中，在多方面条件的制约下，我们无论是制度改革还是程序操作，都只能追求一种相对合理，不能企求尽善尽美。[②] 循着这种思路，笔者主张不宜对“情况说明”持“一棍子打死”的态度，而是应以承认其相对合理性为基本前提，在理性认识论下对规则进行技术性修补、调整，最终渐进实现制度之变革。

（一）构建有限度的提供“情况说明”认识论

所谓“有限度”，是指把提供“情况说明”放入整个刑事诉讼立法、司法和知识体系中去观察和理解，既看到提供“情况说明”带来的弊病，也承认其在整体中的相对合理性，在此基础上，通过对已有制度的理性运用和技术性改良，促使其有利诉讼的一面得到充分发挥。实际上，如果将刑事诉讼看作历时发展而成的一套知识系统，亦需“注重法学内在的继承性，尽可能地避免革命”。[③] 而在有限度的认识论立场下，应特别注意提供“情况说明”之弊端与合理因素间的权衡。依照我国刑事诉讼实际情况，可以从宏观与微观两个层面，在提供“情况说明”面临的二元矛盾中进行结构性地认识把握。宏观层面的矛盾是现实与理想之距离，即实然刑事诉讼体制与应然诉讼

---

① ［美］卡多佐：《司法过程的性质》，苏力译，商务印书馆 1998 年版，第 39 页。

② 龙宗智：《相对合理主义》，中国政法大学出版社 1999 年版，第 10、18 页。

③ ［德］萨维尼、格林：《萨维尼法学方法论讲义与格林笔记》，杨代雄译，法律出版社 2008 年版，第 38 页。

原则精神间的冲突。这一矛盾集中表现为：我国《刑事诉讼法》历两次修正欲变革却未实质改变的案卷笔录中心主义，其与直接言词原则或传闻证据规则基本精神尚存在不小差距。这种差距为理解提供“情况说明”相对合理性提供了条件。陈瑞华教授分析指出，对案卷笔录可采性的天然“推定”和证明力的优先接受乃案卷笔录中心主义裁判模式之重要特征，[①] 与之相反的是，多数大陆法系国家审判中均禁止采纳警察笔录作为证据。比如，依德国《刑事诉讼法》第 251 条规定，不采纳警察笔录的理由是对这些笔录的准确性有怀疑和保护犯罪嫌疑人免受不适当强迫的期望，欧洲人权法院在 1987 年“安特坡庭哥诉奥地利”一案中也曾裁决：主要建立在警察笔录之上的有罪判决违反了《欧洲人权公约》第 6 条第 3 款的规定。[②] 对照大陆法系国家的做法，具有笔录证据属性的“情况说明”之弊显而易见，但反观我国刑事诉讼模式，提供“情况说明”作为案卷笔录中心主义的逻辑延伸，却又是具有合法性的。

诉讼程序不能脱离事实的、实践的、具体的实质性影响。[③] 微观层面矛盾的调整、弥合将更具可操作意义，因为，宏观刑事诉讼体制一般在短期内难以被颠覆，而微观、具体的制度哪怕有冲突也可以调整共存。在我国刑事诉讼法律体系中，提供“情况说明”和侦查人

---

① 陈瑞华：《刑事诉讼的中国模式》（第 2 版），北京大学出版社 2010 年版，第 183－194 页。

② ［美］达马斯卡：《漂移的证据法》，李学军、刘晓丹等译，中国政法大学出版社 2003 年版，第 21 页。《欧洲人权公约》（1950 年 11 月 4 日订于罗马）第 6 条第 3 款规定：“凡受刑事罪指控者具有下列最低限度的权利：（1）以他所了解的语言立即详细地通知他被指控罪名的性质以及被指控的原因；（2）应当有适当的时间和便利条件为辩护作准备；（3）由他本人或者由他自己选择的律师协助替自己辩护，或者如果他无力支付法律协助费用的，则基于公平利益考虑，应当免除他的有关费用；（4）询问不利于他的证人，并在与不利于他的证人具有相同的条件下，让有利于他的证人出庭接受询问；（5）如果他不懂或者不会讲法院所使用的工作语言，可以请求免费的译员协助翻译。”

③ ［美］约翰·格里菲斯：《刑事程序中的理念或刑事诉讼的第三种“模式”》，吴啟铮译，摘自［美］虞平、郭志媛编译《争鸣与思辨：刑事诉讼模式经典论文选译》，北京大学出版社 2013 年版，第 88 页。

员出庭作证两项制度并存，便很好地说明了此点。前者与案卷笔录中心主义紧密关联，后者显系直接言词原则或传闻证据规则使然，两者背后各为相反的诉讼原则精神所支撑，两者之所以能够并存，说明它们在当下我国刑事诉讼这个整体中皆有合理性。这种合理性可用日本学者提倡的“变形虫式的思维”加以理解，意即在追求直接言词原则的过程中变通其原则精神但却“不藐视它的权威”，[①] 随条件之具备渐进实现其普遍性要求。据此可说，侦查人员出庭作证预示着制度发展的目标和方向，在整个诉讼体制中属于具有宣示意义的立法表达，提供“情况说明”则表现为结构性制约下，法律解释对现实的一种妥协与适应，从中无法简单得出“侦查人员不能以‘情况说明’代替出庭”[②] 的应然化结论。两者就好比理想状态下两个本应基本重合——绝大多数情况以侦查人员出庭作证替代提供书面说明——却又未能重合的圆圈，两圆未交叉重合的部分正好体现了微观制度并存的状态。因此，要有效缓和调适微观层面制度间的矛盾，便需要正确把握未重合部分中，提供“情况说明”与侦查人员出庭作证间的关系，而“有限度”正是理解两者关系的一把钥匙。笔者曾主张受制于我国刑事诉讼结构性矛盾，对侦查人员出庭作证应当持有限度的认识论的立场，[③] 这个限度的反面就是提供“情况说明”之限度。有学者初步分析了案卷笔录所隐含的侦查人员出庭作证和制作“情况说明”之边界，提出在保障诉讼效率的同时，平衡证明结果真实性与证明过程正当性，以此合理界定侦查人员出庭作证的范围。[④] 对此，国家立

---

① ［日］千叶正士：《法律多元：从日本法律文化迈向一般理论》，强世功、范愉等译，中国政法大学出版社 1997 年版，第 102 页。

② 王齐畅、禹枫：《侦查人员不能以“情况说明”代替出庭》，载《检察日报》2014 年 1 月 19 日第 3 版。

③ 谢波：《警检关系视野下的警察出庭作证问题反思》，载《证据科学》2014 年第 5 期，第 553－556 页。

④ 何家弘、方斌：《论侦查人员出庭作证范围的科学界定》，载《中国刑事法杂志》2010 年第 10 期，第 57－60 页。

法虽未直接涉及，但在侦查人员出庭作证写入 2012 年《刑事诉讼法》后，逐渐出现了地方证据规则先行的局面。从笔者收集的多件省级公安机关单独或联合检法机关制定的关于侦查人员出庭作证的内部规则看，其大都从正、反两个方面，对侦查人员出庭作证、不出庭作证之情形作出了几乎相同的规定。① 这些规则既关照了立法之变化，亦维持了相当程度的以案卷笔录为中心的诉讼传统，从微观规则层面，为更好地理解“有限度”提供了实践上的说明。

（二）从“情况说明”形式规范化迈向形式和内容共同规范化

任何事物都是形式与内容的对立统一体，“情况说明”也不例外。对于“情况说明”的形式，解释性规则体系中已有签名盖章的明文规定，如《办理死刑案件证据规定》第 31 条，《非法证据排除规定》第 7 条，新《解释》第 101、108、110 条，新《规则》第 72 条皆是如此。有学者对“情况说明”上加盖公章持否定态度，理由是：说明材料即使加盖了侦查机关的公章，也无法对该证据的真实性起到佐证和补强作用，因此，加盖公章至多不过属于一种象征性的形式，而没有实质性的意义。② 这种观点过于注重“情况说明”的应然

① 例如，四川、湖南、湖北、河北、宁夏、新疆等省（区）公安厅都制定了关于侦查人员出庭作证的规定，其中，侦查人员出庭作证范围的规定大致是：（1）经人民法院通知就其执行职务时目击的犯罪情况出庭作证；（2）人民法院认为现有证据材料不能证明证据收集的合法性，通知侦查人员出庭说明情况的，有关侦查人员应当出庭。必要时，有关侦查人员也可以要求出庭说明情况：重要证据来源合法性受到质疑的；侦查活动和办案程序的合法性受到质疑的；需要对侦查活动专门性问题予以说明的。侦查人员不出庭作证的规定大致为：具有下列情况之一，由县级以上公安机关出具书面意见，经人民法院准许，可以不出庭作证：（1）有足够证据证明侦查活动和办案程序合法；（2）通过秘密侦查手段获取证据或证据来源涉及侦查工作秘密，不宜出庭作证；（3）出庭作证可能影响与本案关联的其他案件侦查，不宜出庭作证；（4）危害国家安全犯罪、恐怖活动犯罪、涉黑犯罪、重大毒品犯罪或其他严重暴力犯罪，出庭作证可能危及本人及其近亲属人身安全；（5）因不可抗拒的因素无法到庭或重病等特殊原因无法出庭作证；（6）因其他原因无法出庭作证。不出庭作证的侦查人员应当就需作证的内容和无法出庭的原因等相关问题向人民法院提交书面陈述。

② 陈瑞华：《刑事证据法学》，北京大学出版社 2012 年版，第 196 页。

内容，忽视了特定形式在现行诉讼体制下所具有的特殊意义。黑格尔认为形式和内容间会发生相互转化，“内容之所以成为内容是由于它包括成熟的形式在内”。[①] 笔者调研发现，公安机关大都在执法质量考评中，将“情况说明”上是否有两名以上侦查人员签名、公安机关加盖公章作为考核点，检法机关则习惯于将“情况说明”视为一种公文书证。在大陆法系国家的传统刑事司法实践中，警、检、法三机关在长期的办案过程中往往形成了较为密切的关系，具有较强的亲和性，各机关通常是在基本肯定其他机关工作的前提下开展工作。[②] 据此，盖公章可以充分展示案卷笔录中心主义下侦查机关的官方“权威”，进而意味着侦查机关对内容权威的认可，最终获得法官对“情况说明”证明力之认可。遗憾的是，除了法律解释对“情况说明”的这一形式要求，别无其他规范或范例加以约束指导，如公安部 2012 年印发的制式刑事法律文书中就没有“情况说明”。[③] 这导致“情况说明”在形式和内容上显示出任意化倾向，不符合笔录证据规范化之基本要求。为此，可通过官方印发制式文书的方式，提出要求并举出范例，至少从以下几方面加以规范。

一是规范“情况说明”的名称用语。在 137 份“情况说明”中，就有“说明”“情况说明”“归案经过”“抓获经过”“办案说明”“工作说明”等多样化的名称，而名称用语规范无疑是“情况说明”形式规范化的重要方面。司法实践中已有实务部门注意及此，例如，成都市金牛区警检机关曾联合发布《关于规范刑事案件中使用“情况说明”的暂行意见》，其第五条规定：“‘情况说明’的名称统一为‘关于××的说明’，落款应由侦查人员签名并加盖公安机关印章。”

① ［德］黑格尔：《小逻辑》，贺麟译，商务印书馆 1980 年版，第 278－279 页。

② 左卫民、周长军：《刑事诉讼的理念》，北京大学出版社 2014 年版，第 15－16 页。

③ 孙茂利主编：《公安机关刑事法律文书（2012 版）制作与范例·目录》，中国人民公安大学出版社 2013 年版，第 2－7 页。

笔者赞同这条规定，该规定既规范了“情况说明”的名称用语，亦有助于在名称中即明确“情况说明”之基本内容。

二是“情况说明”上应加盖单位公章而非单位内部机构公章。由于单位内部机构（如派出所、刑警队、禁毒大队等）的盖章不具有对外效力，而“情况说明”一般都被作为证据材料装订入诉讼卷宗（也称“正卷”）的证据材料卷随案移送检法机关，① 故为使“情况说明”具有诉讼意义之效力，即应加盖单位的公章。而在严格科层的公安系统内部，一旦需要加盖单位公章，就意味着一种逐级审查程序，如某一案件由派出所民警侦办，书面材料的生效便要经历派出所领导、局法制科、局领导的“三级审查”。鉴于派出所领导与案侦民警的亲和关系以及局领导审批的形式化，其中，又以居中的法制科审查对书面材料之规范化最具实质意义。公安实务中，时常出现办案民警制作的诉讼文书、书面证据等材料，经法制科审查不过关“返工”的情况。② 这一点正如达马斯卡指出，“与普遍科层式审查密切联系的是对官方文档以及官僚技术的重视”；为便利上级官员的监督工作，“需要标准化和形式化的官方文件和记录”。③ 因此，加盖单位公章将有助于科层模式下，对“情况说明”规范化问题进行审前的内部控制，而并非毫无意义的象征形式。

三是规范“情况说明”（特别是与需严格证明之事实相关的“情

---

① 多数公安机关要求刑事案卷按诉讼卷（“正卷”）和侦查卷（“副卷”）分别装订，其中，正卷包括诉讼文书卷和证据材料卷，要移送起诉；副卷包括公安机关的内部请示、讨论等材料，留存备查。

② 当然，这种情况的出现也与20世纪90年代以来国家对“依法治国”的日益强调，以及2008年以来公安部主导下系统内部持续开展的执法规范化建设有关。时至今日，全面依法治国已上升为国家战略，全面深化公安改革、公安机关“四项建设”（基础信息化、警务实战化、执法规范化、队伍正规化）也正在强力推进。正是在这种大环境下，“上级”才有监督“下级”规范制作诉讼材料的动力。

③ [美] 米尔吉安·R. 达马斯卡：《权力结构与比较刑事诉讼》，李婷译，摘自[美] 虞平、郭志媛编译《争鸣与思辨：刑事诉讼模式经典论文选译》，北京大学出版社2013年版，第254页。

况说明”）之内容。在司法实践中，出现了“以寥寥数语的‘情况说明’代替法定证据”“对于公诉部门的补充侦查提纲上所列举的补充内容，大量使用不同内容的‘情况说明’予以‘应对’”等现象。[①]对此，规范性文件中缺乏对“情况说明”内容的规定，不能不说是一个重要原因。2010年《最高人民法院关于处理自首和立功若干具体问题的意见》第7条提供了有益参考，根据该点规定，自首“情况说明”在内容上一般应包括投案的时间、地点、方式等，形式上要加盖接受投案的单位印章、有接受人员签名，对立功“情况说明”也作了类似的要求。笔者认为，规范“情况说明”内容的总体目标是：根据“情况说明”的实际类型，对案侦相关情况进行客观（不推测和虚构）、准确（有确定性）、全面（避免只有结论和态度而无翔实理由）的说明。

需要指出的是，“情况说明”形式和内容规范化与证明机理亦存在关联。为解决证据能力问题，平衡诉讼的公正与效率价值，各国一般都作出了严格证明和自由证明之界分。一般认为，关涉罪责、加重刑罚的事实适用严格证明，对程序法事实可自由证明，如德国法学家克劳思·罗科信指出，“对于攸关认定犯罪行为之经过、行为人之责任及刑罚之高度等问题的重要事项”需严格证明，“对裁判只具诉讼上之重要性之事实认定”适用自由证明。[②]日本法学家田口守一的观点与此类似，我国司法实务界也基本持这种观点。[③]其中，严格证明之“严”表现为“严格的形式性”，其要受到证据方法与调查程序、直接审理原则的两层限制，违反直接审理原则时，通常必会违反严格

① 黄维智：《刑事司法中的潜规则与显规则》，中国检察出版社2007年版，第203页。

② ［德］克劳思·罗科信：《刑事诉讼法》（第24版），吴丽琪译，法律出版社2003年版，第208页。

③ ［日］田口守一：《刑事诉讼法》（第5版），张凌、于秀峰译，中国政法大学出版社2010年版，第269－270页；张军主编：《刑事证据规则理解与适用》，法律出版社2010年版，第280页。

证明法则。[1] 照理说，提供书面说明本已背离直接审理原则，连形式和内容尚不规范的“情况说明”无疑离法则要求更远。笔者认为，在未打破以案卷笔录为中心的条件下，为寻求一种相对合理性，对“情况说明”之形式和内容进行起码的规范，有助于更靠近法则的基本要求。其原因在于，按照“言多易失”的经验法则，越是形式规范、内容翔实的“情况说明”，要么其印证、补正解释作用越能更好地发挥，促使法官产生确信的心证；要么就越容易暴露“强制制造证据”[2] 之破绽而难以自圆其说。在案卷笔录中心主义下，这种“真者亦真、假者亦假”的效果，更有利于控方谨慎制作书面说明和辩方质证权之行使，而这些显然都要以规范化的“情况说明”为基础。

（三）引入“看得见”的“情况说明”制作与使用机制

在我国长期的司法实践中，出于对打击犯罪目的之追求，侦查权的运行具有高强度的自主性和封闭性。正是侦查模式的此种特征，直接影响到了“情况说明”之生成和运用——基本都由侦查机关及人员单方制作，缺乏中立方的必要参与和起码的实质审查机制——也是“情况说明”产生前述弊病的重要诱因之一。这种情形集中反映了“情况说明”公开性不足的问题。基于“阳光是最好的防腐剂”之“晒权”和“限权”理念，便需要在“情况说明”的制作和使用过程中，引入促使垄断性权力公开透明运行的“看得见”的机制。

孟德斯鸠提醒：“一切有权力的人都容易滥用权力，这是万古不易的一条经验。”[3] 而“情况说明”制作上的“看得见”，就是要从源头上降低侦查机关及人员单方制作完成“情况说明”可能导致的滥用侦查权之风险。笔者调研中，一些犯罪嫌疑人和辩护律师的质疑

---

① 林钰雄：《严格证明与刑事证据》，法律出版社 2008 年版，第 6－8、15 页。

② ［美］利奥：《警察审讯与美国刑事司法》，刘方权、朱奎彬译，中国政法大学出版社 2012 年版，第 49 页。

③ ［法］孟德斯鸠：《论法的精神》（上册），张雁深译，商务印书馆 1961 年版，第 154 页。

颇具代表性："用'情况说明'来证明取证合法的效果几乎为零，道理很简单，侦查机关不会傻到制作'情况说明'说自己非法取证了。"鉴于侦查机关及人员与"情况说明"证明的事实往往存在一定的利害关系，由其单方制作"情况说明"无异于让自己证明自己的行为是合法的。当前，我国司法体制改革的一项重要内容即是要保障人民群众参与司法，其功能体现在协助司法、制约权力和监督权力三个层面。[①] 从这个角度出发，在"情况说明"的制作过程中，应考虑建立一种无利害关系方的介入机制，变"情况说明"单方制作为多方参与，以打破权力垄断可能带来的权力滥用。笔者认为，在"情况说明"制作完成过程中，引入见证人是一个可行的办法，这也有助于促使"情况说明"走向形式和内容的规范化。根据《刑事诉讼法》及相关法律解释，我国现行见证制度主要在勘验、检查、搜查、查封、扣押、辨认及侦查实验等侦查活动中适用，虽然这项制度尚存在一些问题，[②] 但以中立的见证防止非法诉讼行为、虚假侦查笔录形成之目的当属无疑，相应地，这种做法亦可为具有侦查笔录属性的"情况说明"所沿用。当然，借鉴同我国《刑事诉讼法》有亲缘关系的俄罗斯《刑事诉讼法》之规定，[③] 并非所有的侦查笔录皆需见证人介入，其必要性应根据"情况说明"实际内容，在综合考虑虚假可

---

① 陈卫东：《公民参与司法：理论、实践及改革——以刑事司法为中心的考察》，载《法学研究》2015 年第 2 期，第 7－8 页。

② 韩旭：《完善我国刑事见证制度立法的思考》，载《法商研究》2008 年第 6 期，第 66－67 页；李明：《我国见证制度中的三个问题研究》，载《河北法学》2007 年第 11 期，第 107－111 页。

③ 根据俄罗斯《刑事诉讼法》第 170 条"见证人的参加"规定，一般情况下，侦查行为实施至少应有两名见证人参加，但在难以到达的地区，如果没有适当的交通工具，以及在侦查行为实施可能对人的生命或健康构成危险的情况下，侦查行为可以在没有见证人参加的情况下实施，对此在侦查行为笔录中应作记载；在没有见证人参加的情况下实施侦查时，应使用技术手段记录侦查行为的过程与结果，如果不可能采用技术手段，则应在笔录中作记载。俄罗斯学者指出："（侦查行为）笔录的内容或格式不符合要求，将导致认定笔录所记载的信息材料被认定为不可采信的证据。"参见［俄］古岑科主编：《俄罗斯刑事诉讼教程》，黄道秀、王志华等译，中国人民公安大学出版社 2007 年版，第 234 页。

能性之强弱、是否涉及重大侦查秘密、情势紧急、危及人身安全和公共利益等客观因素的基础上设置一定的弹性。

所谓“情况说明”使用时的“看得见”，主要是指辩方有权在庭审前查阅控方掌握的“情况说明”，以及建立审查起诉、审判过程中对“情况说明”的证据能力进行形式审查和实质审查相结合的机制。根据1996年《刑事诉讼法》第36、150条规定，辩护人在审查起诉阶段阅卷范围为案件诉讼文书和技术性鉴定材料，检察机关向法院提起公诉不移送全部案卷材料，这直接导致了辩方阅卷难的问题。阅卷难问题在“情况说明”的查阅上也有反映，例如，检察机关有时并未向法院随案移送“情况说明”，而检法机关则“通常都把办案‘情况说明’作为案件内部情况掌握，致使办案‘情况说明’游离于案件证据体系之外，形成了‘体外循环’的局面”。① 但是，这一局面已被2012年《刑事诉讼法》修正打破，按其第38、172条之规定(2018年《刑事诉讼法》第40、176条同)，恢复了1979年《刑事诉讼法》曾确立的庭前案卷移送制度，辩方在庭审前获得了全案阅卷的机会。由于“情况说明”一般都放入证据材料卷宗，随着阅卷难问题基本获得解决，意味着辩方可以在庭审前查阅到“情况说明”的信息。从英美证据法角度看，侦查机关及人员制作的情况说明实属一种传闻证据，对此，有美国学者指出，针对以传闻代替现场证据是否会造成损害的问题，“大部分法学家同意主要的损害在于交叉询问的缺失”。② 而交叉询问作为英美对抗式诉讼证据调查的一种重要方式，使“检察官和辩护律师基本上控制了证据的提出和调查过程”。③同理，在大陆法系直接言词原则下，强化对“情况说明”证据能力

① 李春刚、王凯：《办案“情况说明”的证据学思考》，载《证据科学》2009年第2期，第199页。

② ［美］帕克、萨克斯：《证据法学反思：跨学科视角的转型》，吴洪淇译，中国政法大学出版社2015年版，第48页。

③ 陈瑞华：《比较刑事诉讼法》，中国人民大学出版社2010年版，第347页。

之审查亦殊为必要。陈瑞华教授将“情况说明”理解为一种对调查取证的过程事实发挥证明作用的“过程证据”，由于立法上并未明确限制其证据能力，司法实践的突出表现是：法院对于控方提交的过程证据，几乎普遍采取“照单全收”的态度，既不对其进行任何实质性的审查，也不对被告方提出的异议加以回应，而直接将其确立为定案的根据。①这种即便是形式审查都还尚显简单粗糙的审查模式，若抛开诉讼体制的影响，则与“情况说明”解释性规则体系存在密切的关联，法律解释中直接涉及“情况说明”之审查标准如表4所示：

表4 刑事诉讼各阶段“情况说明”的审查标准

诉讼阶段 标准与依据	侦查阶段	审查起诉阶段	审判阶段
审查标准	无	签名、盖公章	签名、盖公章；不能单独作为证明取证过程合法的根据
法律依据	《程序规定》	《办理死刑案件证据规定》第31条、新《规则》第72条	《办理死刑案件证据规定》第31条，《非法证据排除规定》第7条，新《解释》第101、108、110条

可见，除侦查阶段没有明确的标准外，在审查起诉和审判阶段，“情况说明”的审查标准并无太大的变化，检法机关基本只关注签名、盖公章等形式化要求。由于缺乏以控辩双方当庭质证为标志的对“情况说明”实质审查的明确规定，因此，庭审中控方仅对“情况说明”进行简单的出示、宣读，而不传召其提供者出庭作证，接受控

① 陈瑞华：《刑事证据法的理论问题》，法律出版社2015年版，第242页。

辩双方的质证，自然成为一种常态。即便是在侦查人员出庭的极少数情况下，法院的实质审查也可能因侦查权过于强势，而使刑事诉讼回归案卷笔录中心主义。典型的例子是，2012 年《刑事诉讼法》确立侦查人员出庭作证制度后，一些地方公安机关仍出台了“案卷笔录优先”的内部规定，如四川、湖南、湖北、宁夏等省（区）公安厅制定的侦查人员出庭作证或说明情况工作规定都有类似的规定，即只要侦查人员当庭陈述可能与原卷宗书面陈述有出入，就应提示法庭以原记录内容为准。这恰和大陆法系直接言词原则下以当庭证言优先的传统形成了鲜明反差。例如，在法国，按照法律要求的形式起草的笔录只具有一般情况的价值，当法官有另外的内心确信时，可以排除笔录所载说明。① 笔者认为，在有限度的提供“情况说明”认识论下，着眼于平衡公正与效率、理想与现实之间的关系，可在考虑公检法机关各自职能的基础上，划分阶段确定“情况说明”之审查标准，建立一种有梯度的形式审查和实质审查相结合的机制。

其中，侦查阶段对“情况说明”的审查，是一种内部科层式的全面审查，但需认识到，因未跳出系统之外，这种审查的意义是有限的。到了审查起诉阶段，具有“书桌官署”② 性质的检察机关应对侦查机关及人员制作的“情况说明”，从形式到内容进行全面的书面审查，促使“情况说明”在此阶段实现书面上的规范化。而这两个阶段审查要实现的目标是，“致力于客观的、尽最大可能广泛地澄清事情真相，为了保护公诉人在后来的审判中面对尴尬的意外”。③ 这一

---

① ［法］斯特法尼、勒瓦索等：《法国刑事诉讼法精义》，罗结珍译，中国政法大学出版社 1999 年版，第 331 页。

② 传统观念认为检察官是实施审查、监督和指挥作用的“书桌官署”，而司法警察则系实际从事犯罪侦查工作的“行动官署”，因此检察官实际参与侦查主要限于法律控制，而侦查方案的制定与实施则由作为“行动官署”的司法警察进行。参见龙宗智：《理论反对实践》，法律出版社 2003 年版，第 231 页。

③ ［德］魏根特：《德国刑事诉讼程序》，岳礼玲、温小洁译，中国政法大学出版社 2004 年版，第 235 页。

点亦可通过在日本法学界有广泛影响的“精密司法论”来说明，即刑事诉讼程序的形态应“从以调查为中心的彻底的侦查活动开始”，以使“检察官得到详细的资料”从而“严密地分析案件”。[①] 套用至此，在一定情况下，彻底侦查和详细的资料势必须以形式和内容缜密完善的“情况说明”来支撑。在审判阶段，应考虑“情况说明”对被告人定罪或量刑影响之大小及控辩双方争议（主要是辩方提出异议）之强弱程度，确立有所侧重的审查模式。当控辩双方对“情况说明”没有争议时，着眼于诉讼的效率和成本，可以采用以“质纸证”为表征的形式审查模式。一旦控辩双方提出异议，法官则应通过自由心证，判断“情况说明”对被告人定罪或量刑有无重大影响，若有，则应启动满足直接言词原则要求（以当庭质证为标志）的实质审查模式。这样一来，实质审查启动的条件可与严格证明法则适用的对象范围基本保持一致。诚如我国台湾地区学者林钰雄所指出的，直接言词原则“与严格证明法则产生密不可分的关联，证据原则上必须经过直接审理的程序，才能作为裁判的基础”。[②] 值得注意的是，立法中应避免诸如前述新《解释》第110条那种证明手段“二选一”的选择性适用条款，目的是不能使有关机关在形式审查与实质审查间进行毫无约束的自由选择——这无疑会使实质审查无用武之地——而是应区分情况设置条件，当形式审查不能实现诉讼目的时便启动后者，从而使两种审查模式的使用形成一种梯级递进关系。同时，根据《非法证据排除规定》第7条和新《解释》第101条规定，控方证明取证合法性的可选方式有提供讯问笔录、播放讯问过程录音录像、侦查人员或者其他人员出庭、提交说明材料四种，这实际上设置了有关

① ［日］松尾浩也：《刑事司法的日本特色——有关所谓的模式论》，载《法曹时报》1994年第46卷第7号，第26页。转引自［日］田口守一：《刑事诉讼的目的》，张凌、于秀峰译，中国政法大学出版社2011年版，第87页。

② 林钰雄：《严格证明与刑事证据》，法律出版社2008年版，第41页。

取证合法性的“综合证明方式”。[①] 之所以如此，或许与每一种证明手段都存在一定的缺陷相关。[②] 综合证明方式也为控方反驳辩方异议，或补强“情况说明”的证明力以落实新《解释》第 101 条“说明材料不能单独作为证明取证过程合法的根据”之规定，从而不再启动对“情况说明”的实质审查提供了多条渠道。上述机制反映了有限度的提供“情况说明”认识论，可以在关照司法现实的基础上，最大限度地贯彻直接言词原则。

（四）细化完善瑕疵证据的合理解释条款

由于短期内我国证据相互印证规则难以发生显著性改变，[③] 而对瑕疵证据进行补正解释系“情况说明”的重要功能之一，故细化完善补正解释条款，自然成为控制“情况说明”使用的一条重要路径。对于法律解释中数量较大且缺乏具体说明和限制的补正解释条款，早有学者提出了两方面的隐忧：一是一些重要的瑕疵被补正与合理解释条款处理掉了，使证据规范的执行效力被消解；二是会给侦控机关一种事后补救的机会，可能使其为补正瑕疵弄虚作假，或为掩盖错误强词夺理。[④] 实际上，有限容许存在程序性瑕疵证据的使用，是我国立

---

① 陈卫东、[荷] 斯普瑞肯主编：《遏制酷刑的三重路径：程序制裁、羁押场所的预防与警察讯问技能的提升》，中国法制出版社 2012 年版，第 128 页。

② 有学者提出，四种证明手段皆不同程度地存在问题：讯问笔录为侦讯人员制作，其会想方设法减少程序瑕疵；讯问过程录音录像可能出现“打时不录、录时不打”的情况；让侦查人员出庭证明自己没有刑讯逼供犹如缘木求鱼；办案说明不符合证据法定形式，没有证据资格。参见陈卫东：《两个证据规定的进步与不足》，载《证据科学》2010 年第 5 期，第 529 页。

③ 有学者指出，在支撑印证规则的证据法理念和制度因素未发生显著变化的情况下，其无疑还将继续存在下去，这些因素包括：新法定主义立法理念、书面和间接审理方式、中国法院的行政审批方式、对“客观事实”的无限追求和对发现“事情真相”的重视等。参见陈瑞华：《刑事证据法学》，北京大学出版社 2012 年版，第 346－348 页。

④ 龙宗智：《两个证据规定的规范与执行若干问题研究》，载《中国法学》2010 年第 6 期，第 26 页。

法在追求案件真相和程序正义之间做出的权衡,[①] 一旦打破这种平衡便会走向立法初衷的反面。因此，有必要通过限制和细化瑕疵证据补正解释条款，以弱化“情况说明”使用之随意性。

这首先需要转变对瑕疵证据的认识。一般认为，轻微违法性(亦称“技术性违法”）是瑕疵证据的主要特征，只要加以补救即可恢复其证据能力。但是，这种认识存在一定的问题，即没有明确存在的瑕疵，究竟是对证据能力之相关性、真实性，还是两者都有影响，因而未能揭示瑕疵证据证据能力有缺陷的实质。笔者倾向于，将证据能力之相关性、真实性认证困难视为瑕疵证据的关键表征，并以此把瑕疵证据划分为两种类型，考量瑕疵证据能否及如何进行补正解释。其中，对相关性认证困难之瑕疵证据，一般通过合理解释进行补救，以重构证据与待证事实在逻辑或经验上的关联，此时可用“情况说明”作出合理解释；而对真实性认证困难之瑕疵证据，想办法提供原始证据较之“牵强”地解释更为合理，原则上以补正的方式来补救，除非存在例外的情形，一般不可使用“情况说明”来补正，若确实无法补正，则应否定其证据能力。对此，可以用表5展示之：

表5　不同类型瑕疵证据的解释补正方式

瑕疵证据类型	补救方式	“情况说明”的使用
相关性认证困难之瑕疵证据	合理解释	可以使用
真实性认证困难之瑕疵证据	以补正为原则，合理解释为例外	不可以使用，除非有例外情形

通过对瑕疵证据的类型界分，明确“情况说明”运用的具体情形，实际上可以起到压缩“情况说明”使用空间的作用。这也与官

① 《刑事证据规则运用手册》编委会编：《刑事证据规则运用手册》，法律出版社2010年版，第87－88页。

方对瑕疵证据补正前置、合理解释后备使用的认识是一致的，即“对于能够补正的证据瑕疵，应当作出补正；只有对于因客观条件限制而无法作出补正的证据瑕疵，才可以作出合理的解释”。[①] 之所以如此，是因为尽管广义上的补正包括了合理解释，但这两种方式毕竟存在较大差异，特别是较之补正方式的规范与严格，合理解释的成本更低，随意性也相对较大，如果允许侦查机关任意使用“情况说明”作出合理解释，易导致合法取证规则被边缘化，从而使任一瑕疵证据的证据能力很容易得以治愈，或为非法证据之合法转化提供有利的制度条件。有学者甚至直言不讳地指出：“‘情况说明’模式为侦查人员不出庭作证提供了最为宽容的制度环境。”[②] 正是在此认识基础上，至少可从两个方面对瑕疵证据合理解释条款进行细化完善，以实现规制“情况说明”的目的。

第一，限缩合理解释方式之适用范围，以严格“情况说明”的使用条件。例如，依《办理死刑案件证据规定》第 9 条规定，对物证、书证的来源和收集过程有疑问时，办案人员可以进行合理解释，这一条款被新《解释》第 73 条完整继承；《办理死刑案件证据规定》第 26 条规定，勘验检查笔录存在明显不符合法律及有关规定的情形，勘验检查人员也可进行合理解释或说明，此条又为新《解释》第 89 条所承袭。而在这些情形下，物证、书证、勘验检查笔录极有可能系无证据能力的非法证据，若不加区别皆许以合理解释进行补救，就不当扩张了合理解释的适用范围，恐使侦查机关及人员以一纸“情况说明”轻易掩盖其非法取证行为。

第二，明确合理解释之具体要求，以便于对“情况说明”进行司法审查。法官的职责是根据相关证据在其内心产生的说服程度来对

① 张军主编：《刑事证据规则理解与适用》，法律出版社 2010 年版，第 122 页。

② 牟绿叶：《比较法视野下侦查人员出庭作证的三种模式》，载《江西警察学院学报》2011 年第 6 期，第 109 页。

其证明力加以评估。[①] 因此“情况说明”在证明标准上，也应达到足以使法官忽略证据存在瑕疵的程度。这一点和前述“情况说明”形式与内容共同规范化密切相关，只有在“情况说明”迈向规范化的前提下，才可能达致忽略瑕疵的证明标准。为此，有学者提出合理解释需把握好两个“度”，一个是符合经验法则、合乎常情常理，另一个是理由充分，可以排除该证据系非法取得或虚假的可能。[②] 实际上，这两个“度”用到“情况说明”上也是完全适宜的。

最后需指出的是，补正解释应以真实性为底线原则，对于合理解释，不能编造虚假理由，以解释填补证据漏洞，或以说明来消化无法排除的矛盾；对于补正，不能以“虚构合法性条件”“倒签笔录制作时间”“伪造见证人签名”等方式制造假证，为补正而补正，在真实性瑕疵难以得到补正，也不能合理解释的情况下，则只能放弃这一瑕疵证据。这些问题也是各诉讼阶段在审查“情况说明”时要重点加以注意的。

四、结语

行文至此，未免对“情况说明”这一“小题”显得有些“大做”。但是，“麻雀虽小”却也“五脏俱全”，深深打上中国特色烙印的“情况说明”，无疑在证据制度上反映了我国以案卷笔录为中心的诉讼体制的一个剖面。刑事诉讼中“情况说明”的普遍使用甚至滥用，应该说是对直接言词原则或传闻证据规则的背反，但是，在宏观诉讼体制短期内难以发生激变的条件下，“情况说明”非但不会退出历史舞台，而且还将延续下去。因此，就需以一种实用主义的态度，

---

① ［英］特文宁：《证据理论：边沁与威格摩尔》，吴洪淇、杜国栋译，中国人民大学出版社 2015 年版，第 76 页。

② 万毅、李勤等：《“两个证据规定”运行情况实证调研——以 S 省 G 市地区法院为考察对象》，载《证据科学》2012 年第 4 期，第 429 – 430 页。

努力在法治理想与司法实践、诉讼传统与司法改革的张力中去寻求平衡和妥协，在现有诉讼构造中实现“情况说明”之功能优化，而对“情况说明”相对合理主义的认识和规制正持这样的立场。对此，卡多佐对判例法成长的言说是富有启发意义的，即法律“恒静与恒动有着同样的危险，必须从生长的原则中找出妥协之道”。[①] 妥协意味着不走极端的中庸之道，既不是欣然接受“情况说明”，亦非无情批判和全盘否定，而是一个向应然状态不断接近的动态过程。20 世纪 90 年代以来，在全面推进法治建设的时代基调下，我国对人权保障理念的强调、以审判为中心诉讼制度改革的推进、侦查人员出庭作证制度的建立及与国际刑事司法准则的接轨等，都有助于刑事诉讼体制之渐进革新，而当革新出现质变之日，自然是“情况说明”及其规则体系寿终正寝之时。

① ［美］卡多佐：《法律的生长》，刘培峰、刘骁军译，贵州人民出版社 2003 年版，第 10 页。

第四章　我国审前非法证据排除规则的几个问题

本章提要

审前非法证据排除作为一项具有中国特色的证据规则，经历了由司法解释进入刑事诉讼法的立法过程。在应然意义上，这项规则虽然有助于人权保障和程序正义、审判公正、诉讼效率等价值之实现，但在实然层面却面临法律条文粗疏、实践运行不畅之困境，致使规则的宣示意义大于实践价值。在我国诉讼体制短期内难以发生激变的情况下，可以先从启动程序、排除的实际主体、非法证据的审查方式、证据合法性的证明等方面逐步完善程序规定。

自1914年著名的威克斯诉美国一案（Weeks v. United States）裁判以来，非法证据排除规则逐渐成为现代刑事证据法之重要准则。2010年以来，我国通过相关法律解释和2012年《刑事诉讼法》之修正设置了此项规则，2018年《刑事诉讼法》延续了这一规则，多层次的非法证据排除体系在我国粗具雏形。然而与国外不同的是，我国非法证据排除跨越了侦查、审查起诉、审判等阶段，其中又以审前非法证据排除最具中国特色，据此我国警检机关在履行侦控职能过程中，亦负有排除非法证据之职责。[①] 然而，我国审前非法证据排除规则的立法初衷虽好，却因缺乏具体的程序性内容，在司法实践中暴露出不少问题。本章通过阐释我国审前非法证据排除规则之价值，分析规则运行所面临的困境，进而提出修补完善之路径。

一、我国审前非法证据排除之立法考察

我国最早以法典形式对审前非法证据排除规则作出规定的是2012年《刑事诉讼法》，该法第54条第2款对其作了直接规定。按照规定，警检机关在侦查、审查起诉过程中一旦发现应排除的证据，则应依法排除，不得将其作为起诉意见、起诉决定之依据。这一规定把通说的审判阶段非法证据排除前推至审前，被学界认为是2012年《刑事诉讼法》修正的一个亮点。类似规定在与《刑事诉讼法》配套的《公安机关办理刑事案件程序规定》第67条，《人民检察院刑事诉讼规则（试行）》第65条、第379条等法律解释（以下简称《程序规定》《规则》）中也有直接体现。不过，我国审前非法证据排除规则应该说是随着司法实践经验之积累逐步形成的。此前的2010年"两高三部"发布的《非法证据排除规定》第3条之规定，在审查批捕和审查起诉阶段，检察机关对非法言词证据负有"双重把关"之排除职责。这条规定可谓我国审前非法证据排除规则之滥觞，而之后的规定正是对这一规定的继承发展。

作为我国非法证据排除规则体系之有机组成部分，审前非法证据排除规则与我国线形刑事诉讼构造是相适应的，若将其放到整个非法证据排除规则体系中加以考量，则可以更加清晰地看到立法之特点及其发展变化。首先，以2010年为临界点，我国非法证据排除规则立法前后差别颇大。此前不见相关规定，2010年"两个证据规定"开

---

① 本章所言"审前"包含侦查和审查起诉两个阶段，不包括立案和庭前准备阶段。

启了新一轮刑事证据立法，其最早对非法证据排除规则作了系统规定，审判和审前非法证据排除规则同时出现在立法中，但却呈现出"审判详、审前略"之情状。立法就审判阶段非法证据排除已形成包括程序启动、证明责任、审查程序等相对明确、系统的规定，而审前非法证据排除则仅有很少的原则性规定。其次，审前非法证据排除促使非法证据排除的主体迈向多元化，除法院以外，警检机关亦负有非法证据排除之职责义务。这与西方国家以法官为中心建构的非法证据排除规则，由法官来审查判断证据之合法性或可采性有所不同。例如，法国建立了诉讼行为无效制度，通过预审法官排除卷宗的方式实现排除非法证据之效果，而美国则通过审前动议方式来完成，由法官裁断证据的可采性。[①] 最后，细加比较《非法证据排除规定》与此后相关立法，除侦查机关非法证据排除职责系新增以外，检察机关的非法证据排除职责出现了两点新变化。一是扩张了非法证据排除的范围，从《非法证据排除规定》第 3 条的"非法言词证据"延展至所有证据类型。二是限缩了非法证据排除之诉讼阶段，检察机关在批捕时不再负担这一职责，其原因在于《刑事诉讼法》已对侦查机关增设此项职责，如果再要求检察机关在批捕过程中也履行排除职责，"有职责重叠的现象，不利于促使侦查机关积极行使排除职责"。[②] 而且，检察机关作出批捕决定的法定期限较为短暂，[③] 也使其没有充足的时间查明取证之合法性。

需要指出的是，总体来看，我国审前非法证据排除规则自 2010

---

① Stephen C. Thaman, "Fruits of the Poisonous Tree" in Comparative Law, 16 Sw. J. Int'l L. 333, (2010).

② 樊崇义、吴光升：《审前非法证据排除程序：文本解读与制度展望》，载《中国刑事法杂志》2012 年第 11 期，第 8 页。

③ 我国 2012 年《刑事诉讼法》第 89 条（2018 年《刑事诉讼法》第 91 条同）、《人民检察院刑事诉讼规则（试行）》第 316 条之规定，检察机关对公安机关提请批捕的犯罪嫌疑人，一般应在 7 日内作出是否批捕的决定，对重大、复杂的案件，最长也不得超过 20 日。由此可见审查批捕时限之紧张。

年确立以来虽变化不大，但官方政策文件的表达却呈现了立法背后的纲领性原则。特别是党的十八大以来，随着新一轮司法体制改革的开启，相关任务要求愈加明确、具体。例如，2013 年党的十八届三中全会将“严格实行非法证据排除规则”纳入推进法治中国建设之内容，2014 年十八届四中全会决定更是把健全落实非法证据排除制度作为保证公正司法之重要举措。[①] 另外，立足于以审判为中心的诉讼制度改革，最高人民法院于 2013 年印发《关于建立健全防范刑事冤假错案工作机制的意见》明确提出要“强化证据审查机制”，并对审前口供等证据的收集提出了要求。这些说明随着近年来一些冤假错案的暴露，加之依法治国和司法体制改革向纵深推进，官方强化了对这一规则地位作用的认识。

二、我国审前非法证据排除规则的价值

法律规范总是追求特定的理想和目的。对待非法证据的态度，可以反映国家在追诉犯罪和保障人权两种价值间的权衡，国外学者说：“这项规则与法律正当程序的观念密切相关，实施非法取证行为被认为违反了法律正当程序。”[②] 这无疑也是审前非法证据排除规则之根本目的。实际上，审前非法证据排除并不直接涉及犯罪嫌疑人的刑事责任问题，更多涉及的是侦查程序的合法性以及取得证据之证据能力。正是循着这些认识，这项规则之价值至少有以下几个方面。

其一，有助于人权保障和程序正义之实现。现代刑事诉讼在追求实体结果公平正义的同时，亦追求程序本身的正当性。审前程序作为

---

① 党的十八届三中全会通过的《中共中央关于全面深化改革若干重大问题的决定》在“完善人权司法保障制度”条目中，提出了“严格实行非法证据排除规则”之要求，十八届四中全会通过的《中共中央关于全面推进依法治国若干重大问题的决定》在“推进严格司法”和“加强人权司法保障”条目中，对以审判为中心诉讼制度改革下的证据收集运用、健全落实非法证据排除制度等作了更多阐述。若抛开文件的主题关注，较之前一文件，后一文件之规定更为明确、具体，反映了官方对此问题认识的日益深入。

② John N. Ferdico, Criminal Procedure, Minnesota: West Publishing Company, 1989, p. 48.

刑事诉讼的重要阶段，在此阶段案件事实之真伪尚未得到最终裁判认定，故实体法相关问题并不是非常突出。与此相对的是，犯罪嫌疑人在审前阶段需对抗专门国家机关的侦控行为，在我国强职权主义诉讼模式下，即便其已得到辩护律师的帮助，辩方的力量在强大的侦查权面前仍显弱势。在此阶段，犯罪嫌疑人的人权极易遭受侦查权侵犯，这些权利大都是受《宪法》保护的公民基本权利。即便是在法治程度较高的美国，警察审讯的结构、文化与实践也是按照在最大化国家追诉犯罪嫌疑人能力的同时，削弱其在后续审判程序中的成功辩护能力为目的进行组织的。[①] 是故，在审前程序中保障犯罪嫌疑人的诉讼权利及其他合法权益显得尤为紧要。季卫东教授指出，程序公正性的实质是排除恣意因素，保证决定的客观正确。[②] 而通过审前非法证据排除，可使非法证据尽可能不进入审判阶段，以保证判决结果更趋近于客观真实。同时，通过否定非法证据之证据能力，使侦查机关及人员承受相应的不利后果，可以规范侦查机关侦查权和强化检察机关法律监督权之行使，通过法治化程序保障犯罪嫌疑人的人权。

其二，有助于审判公正之达致。西方法谚云，“一次不公的司法判决比多次不法行为为祸尤烈，不法行为弄脏的不过是水流，而不公的判决却把水源污染了”。具有终局意义的审判，乃是保障被告人合法权益的最后一道屏障，一方面与被告人有着直接的利害关系，另一方面也可以展示一国之司法文明程度。但是，公正审判无疑又是各种理念和制度合力作用之结果。在我国传统的案卷笔录中心主义影响下，审判活动对警检机关移送的证据材料存在很强的依赖性，在此基础上，经法庭调查和辩论还原案件真相并作出最后判决。通过审前非法证据排除，可以在线形诉讼构造下建立非法证据信息“阻隔”机

---

① ［美］利奥：《警察审讯与美国刑事司法》，刘方权、朱奎彬译，中国政法大学出版社 2012 年版，第 10 页。

② 季卫东：《法律程序的意义》（增订版），中国法制出版社 2012 年版，第 22 页。

制，避免这类证据进入审判阶段使法官先入为主，“污染”法官之自由心证。这一点正如达马斯卡所指出，为确保法官的中立性，“任何司法制度都尽力在法庭接触法律所禁止的证据信息之前将它排除掉”“对于有说服力但不具可采性的证据，在由职业法官职司审判的大陆法系，则必须在庭审活动开始之际就予以排除”。①

其三，有助于诉讼效率之提升。刑事诉讼需要一定的司法资源投入，特别是对重大、疑难、复杂案件更是会耗费大量的司法资源。与之相对的是，诉讼效率却要求以司法资源最小投入，取得最大的诉讼成果。审前程序尚处在整个刑事诉讼的开始阶段，此时占用的司法资源相对较少，随着诉讼阶段向前推移，司法资源的投入会越来越多。审前非法证据排除可以使非法证据被及时发现，非法取证行为及时得到遏制，以保证司法活动之纯洁性。由于非法证据往往也表现为控辩双方对取证合法性的一种争议，审前非法证据排除也有利于争议的及时发现和解决。有学者提出，证据规则的主要目标应该是降低争议中的重叠度。② 此类程序争议如果在庭审中提出，就可能因启动非法证据排除的“程序性裁判”而中断庭审过程，从而拖延诉讼期限。我国《刑事诉讼法》虽已设立庭前会议制度以明确案件争点和提升审判效率，③ 但若在审前阶段便能排除非法证据，则可以进一步减少庭前准备工作。这些无疑有利于公检法机关顺利推进诉讼活动，从而起到预防司法错误、提升诉讼效率之效用。

---

① ［美］达马斯卡，《比较法视野中的证据制度》，吴宏耀、魏晓娜译，中国人民公安大学出版社2006年版，第223页。

② ［美］劳丹：《错案的哲学：刑事诉讼认识论》，李昌盛译，北京大学出版社2015年版，第132页。

③ 我国《刑事诉讼法》第一百八十二条第二款规定：“在开庭以前，审判人员可以召集公诉人、当事人和辩护人、诉讼代理人，对回避、出庭证人名单、非法证据排除等与审判相关的问题，了解情况，听取意见”，《最高人民法院关于适用〈中华人民共和国刑事诉讼法〉的解释》第99条、《人民检察院刑事诉讼规则（试行）》第431条规定类似。该规定显然有利于在开庭前解决控辩双方的程序争议，以免影响庭审效率。

三、我国审前非法证据排除的困境

审前非法证据排除规则之价值清晰地反映了一种应然化认识，即如果在审前就预先排除了非法证据，使其不出现在庭审中，实际上就可以达到排除非法证据的效果。[①] 然而，立法表达与司法实践之间往往存在一定差距，特别是在立法表达本身都还十分粗疏的情况下，这种差距就显得尤为明显。当前，审前非法证据排除规则在立法上存在程序空白、拘束力不足等问题，实践中亦未能得到有效贯彻落实，因此深陷困境与矛盾中。这里通过微观、中观和宏观三个层面分析之。

首先是在微观层面，较之审判阶段非法证据排除规则，审前非法证据排除规则显得不够健全完善。陈瑞华教授曾提出，一项完整的非法证据排除规则由两部分构成：一是实体构成性规则，包括非法证据的范围、排除后果、法官的裁量权、规则适用的例外等；二是程序实施性规则，主要涉及排除的启动、司法裁判方式、证明责任分配、救济机制等问题之程序机制。[②] 遗憾的是，审前非法证据排除规则除了2012年《刑事诉讼法》第56条第2款作出“应当排除”的原则性规定，立法中不见具体的程序规定，致使这一规则在实践中缺乏可操作性。这集中表现在警检机关排除非法证据履行程序空白、检察机关对合法取证法律监督权运行程序不完善、排除程序系统性欠缺等方面。我国《刑事诉讼法》之规定一般较为原则，加之警检机关拥有解释《刑事诉讼法》的话语权，由其颁行的法律解释对司法实践往往更具指导意义。但这些法律解释中有关审前非法证据排除之规定，基本为《刑事诉讼法》条文的简单重复，无法有效指导非法证据排除。以公安部出台的法律解释为例，《程序规定》第67条对公安机关之排除

① 杨宇冠：《非法证据排除规则及其在中国确立问题研究》，载《比较法研究》2010年第3期，第76页。

② 陈瑞华：《刑事证据法的理论问题》，法律出版社2015年版，第60页。

义务作了规定，除要求侦查阶段排除非法证据须经县级以上公安机关负责人批准外，其他规定与2012年《刑事诉讼法》第56条如出一辙，未能对如何排除作进一步规定。《规则》中的相关规定与《程序规定》的情况相差无几，对自侦案件中如何排除非法证据亦未作出具体程序规定。据此，至少可以作出这样一些追问：排除程序如何启动，辩方是否有权启动；排除程序启动后，警检机关如何对非法证据进行审查；非法证据排除的实际部门为何，譬如就公安机关而言，是刑侦部门还是法制部门；对取证合法性承担证明责任的主体是谁等。2012年《刑事诉讼法》第57条赋予了检察机关对合法取证的法律监督权，于是又难免产生一些实际问题，如检察机关对非法取证调查核实的方式是什么、辩方能否参与调查核实并与控方展开对抗等。此外，还涉及程序间的衔接问题，如当警检机关对是否排除认识不一致时该如何协调解决等。总之，正是以上程序性规则的缺失，使当前我国审前非法证据排除规则更多表现为一种“宣示性”立法表达，而未能形成相对完备的规则体系。

其次是中观层面，司法实践中审前非法证据排除比较少见，即便涉及，有的也背离了规则设置的初衷而无法落实。从笔者调研的情况看，公安机关因打击犯罪的迫切需要，加之受考核指标倒逼、“命案必破”口号观念等因素的影响，尽管有的公安机关已制定了系统内部的非法证据排除规范，但是，其排除非法证据仍不具有过高的可期待性。就检察机关而言，由于侦查活动的封闭性和法律监督缺乏刚性，其更多是以一种间接、不确定的方式排除非法证据，导致审前非法证据排除规则被一定程度异化。例如，在司法实践中，检察机关对非法证据排除显得十分小心谨慎，会尽量避免直接确定或宣告证据非法，而更情愿采用对证据不予认定的“隐形排除”。[①] 比较典型的是，

① 陈光中主编：《非法证据排除规则实施问题研究》，北京大学出版社2014年版，第166页。

一些检察官告诉笔者，审查起诉中如果发现侦查机关刑讯逼供获得的证据，他们一般会选择综合其他证据通过作出存疑不起诉决定，事实上排除非法口供。同时，检察机关对取证合法性的调查核实，大都由其单方面进行，整个过程缺乏辩方的实质性参与。例如，在审查起诉过程中，检察机关解决非法证据争议一般采取公诉人对辩方、公诉人对侦查人员的隔离式审查，这种行政化的单方审查为侦查机关掩盖非法取证创造了便利条件。为应对检察机关对取证合法性的质疑，公安机关又常以一纸“情况说明”对证据作出补正或解释，因立法对补正和合理解释没有明确标准，此时公安机关很容易把非法证据合法化。

最后是宏观层面，审前非法证据排除之特点呈现的制度逻辑，以及线形诉讼构造成为掣肘规则运行的体制因素。较之审判阶段的非法证据排除，审前非法证据排除的一大特点就是没有中立的裁判者，致使控诉机关对证据合法性之判断更多地体现为“运动员”和“裁判员”一肩挑式的“自我审查”。由于警检机关皆承担控诉职能，出于追诉犯罪之共同需要，双方不可避免存在着直接利益关系，虽然检察官也负有客观性义务，但是警检机关的亲和关系使该义务能否完全实现存疑。对此，有学者指出了这一制度存在的弊端——既不符合检察官的角色定位，也不符合吓阻违法或司法廉洁的价值目标，难免会使非法证据排除沦为“无源之水”。[①] 虽然我国《刑事诉讼法》已经历了两次修正，吸收了英美对抗式诉讼的一些原则理念，但传统以侦查为中心的模式并未发生实质改变，线形诉讼构造下警检机关的配合仍多于制约，检察机关角色职能的重合及来自公安机关、被害人等诉讼参与人、社会舆论等诸方面的压力，无不使检察机关在排除非法证据时显得畏首畏尾。

---

① 林喜芬：《两个证据规定与证据排除规则》，中国人民公安大学出版社 2011 年版，第 96 页。

四、我国审前非法证据排除规则之完善

虽然当前审前非法证据排除面临着不少“中国问题”，但是，既然立法已明确提出了原则性要求，我们便应以一种更为务实的态度，尽量促使规则之价值充分彰显出来。因此，审前非法证据排除规则尚有较大的完善空间。在短期内我国诉讼体制难以发生实质改变的情况下，规则之完善首先可以从解决微观层面的问题开始，再循序渐进推进之，而不必过于悲观。正是基于这样的立场，笔者认为，我国审前非法证据排除规则至少可以从以下几方面加以完善。

一是完善非法证据排除的启动程序。一般而言，非法证据排除包括职权启动与申请启动两种基本形式，而《刑事诉讼法》第56条无疑赋予了警检机关依职权启动程序之权力。由于警检机关皆为行使控诉职能的机关，而非法证据能否排除攸关辩方之利害，故应把目光投向对非法证据排除更具积极性的申请启动。2012年修正《刑事诉讼法》扩张了审前阶段辩护律师的权利，特别是依第159条之规定（2018年《刑事诉讼法》第161条同），只要辩护律师在侦查终结前提出要求，侦查机关就必须听取意见并记录在案，同时将提出的书面意见附卷。该规定是“为了提高诉讼活动的参与性，保护犯罪嫌疑人的利益”[①]而设，可推知其立法意图当包含辩护律师有权申请启动排除程序，但是，因其未能明确辩护律师意见有启动程序的必然效力，侦查机关完全可能在听取意见后置之不理，故有必要明确犯罪嫌疑人及辩护律师享有申请启动排除程序的权利。同时，鉴于非法证据排除专业性极强，犯罪嫌疑人一般不甚了解，故还应规定警检机关负有告知此项权利之义务，具体可通过在出示的《犯罪嫌疑人诉讼权利义务告知书》（公安部、最高检均发布了该文书样本）中增加犯罪

---

① 樊崇义主编：《2012刑事诉讼法：解读与适用》，法律出版社2012年版，第218页。

嫌疑人有权申请非法证据排除这条内容，表明已履行法定义务。此外，根据2018年《刑事诉讼法》第40条规定，辩护律师在案件审查起诉时才享有充分的阅卷权，此前其虽可与在押犯罪嫌疑人会见并了解案情，但完全可能会因信息不对称而无法掌握非法证据的具体情况。实际上，案件侦查终结意味着证据收集工作基本宣告完成，此时的证据材料与侦查机关移送审查起诉的证据材料并无二致，为使辩护律师充分掌握非法证据之信息从而顺利申请启动排除程序，至少应允许辩护律师在案件侦查终结后至移送审查起诉前这一期间，认为可能存在刑讯逼供的，可以查阅犯罪嫌疑人的口供。当然，随着刑事司法对人权保障目的日益强调，可以逐步使辩护律师在这一期间内享有查阅、摘抄、复制全案卷宗材料的权利。

二是明确非法证据排除的实际部门。审前非法证据排除的主体为警检机关当属无疑，但是，该项职责究竟由系统内部哪一部门承担存有疑问。按照《程序规定》第67条规定，在侦查阶段公安机关发现应排除的非法证据，经县级以上负责人批准就应予以排除，而不得作为提请批捕、移送审查起诉之依据。据此，县级以上公安机关负责人负有证据合法性最后把关之法定职责，但司法实践中此种职责更多体现为一种形式化的审批，故将其作为非法证据排除的实际主体并不现实。一些地方公安机关以内部规定的形式，明确了非法证据排除的实际部门，主要有三种情况：一种是通过设立非法证据认定委员会（委员从执法岗位业务骨干中选任产生），由其指定3～5名委员组成评议组，调查与认定非法证据；另一种是由法制部门统一对非法证据进行审查；第三种是根据发现非法证据的主体（如侦查、法制部门等）不同，由其报请分管领导批准后予以排除。笔者认为，在现行案件经历侦查部门、法制部门、区县局领导的“三级审批”办案体制下，法制部门是案件审核把关和执法质量考评的实际部门，且法制员的法律素养相对较高，由法制部门或由执法骨干组成专委会排除非法证据更为合适。对于检察机关自侦案件非法证据的排除，则可由负责案件侦查之外的侦查监督部门来承担。

三是细化非法证据之审查方式。立法虽然没有具体规定非法证据之审查方式，但在司法实践中，已有警检机关通过询问办案人员、讯问犯罪嫌疑人、听取辩护律师意见、调取讯问笔录或录音录像、伤情病情鉴定等多种方式调查核实取证之合法性。笔者认为，非法证据之审查应坚持诉讼程序参与原则，弱化警检机关封闭、单方的行政式审查，反之强化审查过程的诉讼化建构，在此基础上根据实际情况设置书面与听证相结合的审查方式。对于依职权启动的排除程序，警检机关已在很大程度上认为存在非法取证之嫌疑，加之辩方没有主动提出排除申请，其缺乏参与听证的积极性，即便听证也难以达到对抗之实际效果。此时可以通过书面审查，同时充分结合侦查机关对取证合法性的说明或检察机关的调查核实情况，一般即可完成非法证据排除。对于依申请启动的排除程序，根据辩方提供相关材料的实际情况分别作出处理：如果辩方提出了确实的证据且侦查机关的说明不足以证明取证合法性的，则可以直接予以排除；如果辩方只是提供了相关线索或材料，经侦查机关说明及检察机关调查后仍对取证合法性存疑的，则应启动听证审查程序。听证审查应定位为一种具有公开性、对抗性的准司法程序（类似于程序性裁判），[①] 建立检察机关居中主持、侦查机关和辩方共同参与的诉讼化构造，特别是要强化审前程序的律师辩护，[②] 由侦辩双方就证据之合法性展开“面对面”质证，最后由检

① 陈瑞华教授指出，程序性裁判并不解决被告人是否有罪、如何量刑等实体问题，而是法官依职权或根据控辩双方提出的程序性申请，就案件的诉讼程序问题进行的裁判活动，这种裁判程序解决的只是单纯的程序合法性问题。参见陈瑞华：《程序性制裁理论》，中国法制出版社 2010 年版，第 236 – 237 页。

② 审前阶段辩护律师的介入、法律援助范围的扩展等为此创造了有利条件。早有学者提出，我国应以人权保护为理念，从观念、结构、信息、能力保障等方面入手，完善我国审前程序的律师辩护制度机制。参见谢佑平、江涌：《论审前程序的律师辩护》，载《政治与法律》2005 年第 2 期，第 114 – 115 页。

察机关决定是否排除。

四是规范取证合法性之证明及非法证据之处理。对取证合法性的证明，2012 年《刑事诉讼法》第 171 条作了原则性规定，即审查起诉阶段，检察机关可要求公安机关对取证合法性作出说明。而侦查阶段取证合法性之证明立法则未置一词，据此类推可由侦查部门向本系统内非法证据排除的实际部门证明。需要指出的是，对于依申请启动的排除程序，依《非法证据排除规定》第 6 条和 2018 年《刑事诉讼法》第 58 条规定，辩方应当提供相关线索、材料或证据，笔者认为这并非一种严格的司法证明，最多将其理解为辩方对争点形成负有初步证明的责任——足以使警检机关认为存在非法取证之可能性。一旦进入非法证据审查程序，取证合法性的证明责任当然由侦查机关（部门）承受，尽管此时辩方有权提出证明非法取证的证据，但却不必因此承担举证不能之风险。至于取证合法性之证明标准，出于以审判为中心的司法体制改革理念，理应按照 2018 年《刑事诉讼法》第 55 条和第 60 条之规定，同审判阶段之标准保持一致，即能够排除非法取证的合理怀疑。2018 年《刑事诉讼法》第 56 条虽规定应排除的证据不得作为起诉意见和起诉决定之依据，但按照《人民检察院刑事诉讼规则（试行）》第 7 条规定，被排除的非法证据应当随案移送，故司法实践中警检机关往往进行了移送。实际上，事实裁判者与非法证据的接触程度对非法证据排除规则之效果有重要影响，[①] 这种做法显然未能“彻底斩断事实裁判者与非法证据之间的联系”，[②] 而“阻断”机制的落空则背离了规则设置的初衷。因此，应进一步规定

---

① 对此，达马斯卡有过精辟分析：在英美法系二元法庭，法官可以通过预审将不可采的信息阻挡在事实认定者门外，使不可采但其他方面可信的证据不在事实认定者头脑中留下印记。相反，在大陆法系一元法庭，虽然同样是由个体来决定证据的可采性和证明力，但却无法避免被禁止但有说服力的信息的污染：它总是要对裁决者的思想产生影响。参见［美］达马斯卡：《漂移的证据法》，李学军、刘晓丹等译，中国政法大学出版社 2003 年版，第 65 - 66 页。

② 王超：《排除非法证据的乌托邦》，法律出版社 2014 年版，第 101 页。

排除的非法证据应存档备案，不得随案卷移送。当然，立法还应畅通审前非法证据排除的救济渠道：如果公安机关对检察机关的排除决定不服，则可以参照对检察机关不批捕的救济方式，要求检察机关复议、复核，其结果具有拘束力；如辩方对排除决定不服的，除可以向警检机关申诉外，在审判阶段仍可继续向法院行使救济权，是否排除以法院最终裁判为准。

五、结语

由此可见，我国以人权保障理念为基础，初建的独具中国特色的审前非法证据排除规则具有重要的现实意义。但是受刑事诉讼体制机制等因素影响，这一规则更多地显示出一种“宣示”意义，离规则之应然价值尚有一定距离，是故其对当下刑事司法实践之影响还是非常有限的。德国法学家萨维尼指出，良好的法律状况须仰赖三桩必要之事：法律权威、司法机构和程序形式。[①] 若以此为标准便不难理解这种距离与限度了。不过，在短期我国刑事诉讼体制难以发生实质变革的情况下，首先可考虑通过完善审前非法证据规则的程序性内容，明确警检机关的具体操作规程，以最大限度地发挥规则的预设功能，实现刑事诉讼之公平正义。当然，审前非法证据排除规则的健全完善，最终还有赖于从非法证据源头预防、审查处理到制裁体系的“立体化”规则及运行机制之构建。

---

① ［德］萨维尼：《论立法与法学的当代使命》，许章润译，中国法制出版社 2001 年版，第 83 页。

第五章 我国刑事拘传制度探讨

本章提要

刑事拘传是我国强制措施体系中强制性最弱的一种。历来我国《刑事诉讼法》有关拘传的规定都很简略，导致其实用性差、司法适用率低。2012年《刑事诉讼法》出于人权保障之目的，对拘传制度作出了修订，但是仍存在不少问题。这些问题表现在拘传的对象范围、时限与间隔、适用条件、法律监督等方面。笔者以古今对照、中西比较为视角进行探讨，可为拘传制度的完善提供一种进路，借以实现我国刑事诉讼的理性运作。

我国刑事拘传是指公安机关、人民检察院、人民法院对未被羁押之犯罪嫌疑人、被告人，强制到案接受讯问或审判的一种强制措施。虽然拘传属于最轻微的强制措施，但它毕竟会限制人身自由，随着刑事诉讼领域人权理念的日渐彰显，拘传立法问题已为法学界所关注。[①] 作为回

① 以发表的相关文章为例，就有刘玫：《关于拘传的立法完善》，载《人民检察》1996年第7期；樊崇义、李忠诚：《关于修改与完善刑事拘传立法的几点思考》，载《现代法学》1993年第4期；丁明：《浅论拘传适用的几个问题》，载《广西公安管理干部学院学报》2001年第1期；柴春雨：《试论我国刑事拘传措施的现状及对策》，载《云南警官学院学报》2008年第5期；李忠诚：《关于拘传措施的改革与完善》，载《人民检察》2010年第7期；黄庆畅、李想：《12小时与24小时：拘传时限的利弊权衡》，载《人民日报》2011年10月19日第18版等。

应，2012年《刑事诉讼法》第117条对拘传旧法作了一些修订，但是修订得并不彻底。2018年《刑事诉讼法》第119条延续了2012年的拘传规定。在我国古代，拘传在战国秦国和秦朝时期就已经出现，秦律中称为“执”。[①] 在西方国家，亦有称谓不同，类似我国拘传却更为完备的刑事立法。本章试图以古今对照、中西比较为视角，来探讨我国当下刑事拘传制度的几个重要问题。

一、刑事拘传之对象问题

依2012年《刑事诉讼法》第64条之规定（2018年《刑事诉讼法》第66条同），拘传的对象限于犯罪嫌疑人、被告人，这与1996年《刑事诉讼法》第50条规定相同。通说认为，这里的犯罪嫌疑人、被告人应是“未被羁押的”，包括未被采取强制措施和已被取保候审或监视居住的犯罪嫌疑人、被告人。至于已被羁押（拘留或逮捕）的犯罪嫌疑人、被告人，可直接提讯而无须拘传，这很好理解，关键是被取保候审或监视居住的犯罪嫌疑人、被告人，能否重叠适用拘传。《刑事诉讼法》对这类犯罪嫌疑人、被告人，规定有“在传讯的时候及时到案”的义务，并无适用拘传的空间。加之，强制措施不宜叠加适用，否则易导致侵犯人权之弊。笔者认为，拘传对象应理解为“未被采取其他强制措施”的犯罪嫌疑人、被告人更合适。

观西方立法例，除将犯罪嫌疑人、被告人列为拘传对象外，一般都把证人纳入其中。例如，《日本刑事诉讼法》第162条规定：“法院在必要时，可以以裁定命令证人同行到指定的场所。证人没有正当理由而不接受同行时，可以拘传”；《德国刑事诉讼法》第51条规定：“对证人也准许强制拘传”；《法国刑事诉讼法》第109条规定：“如证人不到庭，或者拒绝到庭，预审法官得依共和国检察官的要

① 李交发：《中国诉讼法史》，中国检察出版社2002年版，第83页。

求，以公共力量强制其到庭”。[①] 在我国台湾地区，不称拘传而称“拘提”，“台湾刑事诉讼法”第178条规定：“证人经合法传唤，无正当理由而不到场者，得科以新台币三万元以下之罚锾，并得拘提之。”由此可以看到，西方刑事立法将证人纳入拘传对象已成为一个通例。

实际上，我国古代就有拘传证人的立法例。北宋天禧二年（1018年）诏令曰：“军巡院所勘罪人，如有通指合要干证人，并具姓名、人数及所支证事状，申府勾追。”[②] 此处“勾追”即拘传之意。《大明律》卷二十八云：“凡鞫狱官推问罪囚，有起内人伴，现在他处官司停囚待对者，虽职分不相统摄，皆听直行勾取。”[③]“勾取”即是拘传，而“人伴”指同案犯和证人。清末修律，移植西法，1906年《大清刑事民事诉讼法草案》第二百三十八条规定：“若证人临期不到又不声明不到之原委者，该公堂即处以二十圆以下之罚金，改用传票往传。若再不到者，照前加倍罚金，并准用拘票拘提。”然而，以上立法例均未被我国1979年《刑事诉讼法》、1996年《刑事诉讼法》吸纳。

我国传统刑诉理论认为，强制措施是一种刑诉保障措施，目的在于防止犯罪嫌疑人、被告人逃避侦查、起诉和审判。[④] 所以，对了解案情的证人不能适用强制措施。但是，若证人拒不出庭作证，会阻碍刑事诉讼目的之实现，而法官没有强制证人出庭的权力，亦难以完成发现案件真相之职责。在我国司法实践中，证人出庭率低下问题十分

---

① “以公共力量强制其到庭”即是拘传之意，《法国刑事诉讼法》第122条规定：“拘传通知书是法官向公共力量发出的立即将受拘传通知的人解送到案的命令。”

② ［清］徐松辑：《宋会要辑稿·刑法》3之58，中华书局1957年影印本，第6606页。

③ ［明］李善长等：《大明律》卷28《刑律·断狱·鞫狱停囚待对》，法律出版社1999年点校本，第216页。

④ 陈光中主编：《刑事诉讼法》（第4版），北京大学出版社2012年版，第207页。

突出，原因当然是多方面的。[①] 这就导致《刑事诉讼法》规定的“凡是知道案件情况的人，都有作证的义务”被虚化。因此，我国有必要吸纳古代和西方立法例，将拘传对象扩展至拒不出庭作证的证人，也即设置强制证人出庭作证制度。较之1996年《刑事诉讼法》，2012年《刑事诉讼法》第一百八十八条为新增条款（2018年《刑事诉讼法》第一百九十三条同），规定：“经人民法院通知，证人没有正当理由不出庭作证的，人民法院可以强制其到庭，但是被告人的配偶、父母、子女除外”。笔者认为，这里的强制可以理解成是拘传时的强制，新增条款实际上将拘传对象延伸到了拒不出庭作证的证人。这种理解同西方立法例是相契合的，也是对我国古代立法例的承继。据此，在我国现行《刑事诉讼法》框架下，拘传对象应包括两类人：一是未被采取其他强制措施的犯罪嫌疑人、被告人；二是根据2012年《刑事诉讼法》第187条规定（2018年《刑事诉讼法》第192条同）应当出庭作证的证人。[②]

二、刑事拘传之时限和间隔问题

一直以来，拘传时限都是一个非常敏感的问题，因为它直接涉及刑事诉讼惩罚犯罪与保障人权目的之冲突。1996年《刑事诉讼法》第92条规定，拘传持续时间最长为12小时。但在司法实践中，我国警检机关普遍嫌短，认为难以满足犯罪侦查的需要，致使拘传适用率极低，其功能逐渐被盘查替代。对此，2012年《刑事诉讼法》第一百一十七条作出修改（2018年《刑事诉讼法》第一百一十九条同），规定：“传唤、拘传持续的时间不得超过十二小时；案情特别重大、

---

① 刑事证人出庭率低下的原因分析，可参见左卫民、马静华：《刑事证人出庭率：一种基于实证研究的理论阐述》，载《中国法学》2005年第6期。

② 2012年《刑事诉讼法》第一百八十七条为新增条款，规定：“公诉人、当事人或者辩护人、诉讼代理人对证人证言有异议，且该证人证言对案件定罪量刑有重大影响，人民法院认为证人有必要出庭作证的，证人应当出庭作证。”

复杂，需要采取拘留、逮捕措施的，传唤、拘传持续的时间不得超过二十四小时。”该规定附条件将拘传时限延长至24小时，这一修改是对警检机关权力诉求之回应。不过，从西方立法例来看，无条件24小时拘传时限已是通例。譬如，《日本刑事诉讼法》第59条规定：“已经拘传的被告人，应当自带到法院之时起24小时以内释放”，《法国刑事诉讼法》第125条、《韩国刑事诉讼法》第71条规定皆类似，而《德国刑事诉讼法》第135条规定拘传不得超过“第二日结束”(48小时)。我国古代亦存立法例：北宋《开封府令》规定拘传证人“不得过两日”，宋徽宗宣和元年（1119年）令文被推广全国，新修法云：“诸鞫狱干证人无罪者，限二日责状先放。”[①] 比照这些立法例，2012年《刑事诉讼法》原则上12小时、附条件24小时的拘传时限，并不意味着司法机关权力的大幅扩张。

笔者认为，理解拘传时限还有一个侦讯观念的转化问题。在我国传统侦讯模式下，警检机关侦破案件过分依赖获取口供，因而倾向于长时间限制犯罪嫌疑人的人身自由。侦讯经验也显示，嫌疑人一般都要经过抵触、试探、动摇、供述四个心理变化阶段以及反复权衡利害后，才会供述犯罪事实，而这个过程往往不是12小时内就能完成的。笔者在基层公安机关调研时，曾就刑事强制措施问题与办案民警有过访谈：

笔者问：“为什么你们采取强制措施，很少拘传犯罪嫌疑人？”

民警L答：“……对于流窜作案的犯罪分子，我们要在12小时拘传内讯问、调查取证，搞清主要犯罪事实，基本上做不到。”

民警Z答：“……还有那些被公安局处理过又重新犯罪的嫌疑人，在传唤、拘传讯问时，他们大都会利用‘经验’，想方设法去狡辩。”

---

① ［清］徐松辑：《宋会要辑稿·刑法》1之31，中华书局1957年影印本，第6477页。

民警的回答反映了当下普遍的侦讯观念——在拘传 12 小时内突破犯罪嫌疑人的口供，继而侦破案件，受这种观念影响，警检机关自然感到拘传时限之短暂。笔者认为，拘传时限并非破案时限，警检机关应考虑转变“12 小时突破口供”的侦讯观念，将拘传时限作为一种侦讯对策来看待。也就是说，侦查人员通过对犯罪嫌疑人当面讯问，弄清嫌疑人的“底牌”，明确今后继续侦讯的方向。2012 年《刑事诉讼法》第 117 条新增 24 小时的拘传时限，但应同时满足两个条件：一是“案情特别重大、复杂”；二是“需要采取拘留、逮捕措施的”。此处的第二个条件说明拘传期限是决定进一步羁押犯罪嫌疑人的期限，拘传成为了羁押的过渡措施。这体现出拘传时限所具有侦讯对策的性质。当然，第一个条件的标准究竟是什么，还有待立法予以细化，以防警检机关对任何案件皆能以“特别重大、复杂”为由，无条件将拘传时限延长至 24 小时。

值得注意的是，我国立法中盘查对拘传的冲击问题。依我国《人民警察法》第 9 条规定，警方盘查时限原则上 24 小时、最长 48 小时，要长于拘传时限。这就导致公安机关对犯罪嫌疑人普遍适用盘查，拘传被弃而不用。笔者认为，盘查作为一种行政行为，其强制效力程度应当低于刑事诉讼的拘传，故应本着缩短盘查时限的原则，对该法第 9 条建议修改为：对被盘问人的留置时间自带至公安机关之时起不超过 6 小时，在特殊情况下，经县级以上公安机关批准，可以延长至 12 小时。这样方能理顺关系、解决冲击，维护法律的严肃性。

出于人权保障之目的，西方国家还有对拘传实施时间作出限制的立法例。比如，《法国刑事诉讼法》第 134 条规定：“执行拘传通知书、逮捕令或通缉令的人员，不得在 6 时以前、21 时以后进入公民的住所。”我国《刑事诉讼法》不存在相关规定，但有学者提出拘传应在白天进行，理由是：“拘传一般用于罪行较轻的犯罪嫌疑人和被告人，情况并未紧急到必须打破他们及其家人的正常工作和生活秩序而需要在夜间讯问的程度。”[①] 笔者认为，这种规定过于僵化，打破了刑事诉讼两大目的之平衡，不利于及时、准确地查明犯罪事实。保障人权应通过立法对拘传时限与间隔清晰规制的进路来实现，而不是对拘传实施时间划一限制的进路。

我国 1996 年、2012 年和 2018 年《刑事诉讼法》都规定，不得以连续拘传的形式变相拘禁犯罪嫌疑人，但在西方国家没有类似的规定。我国如此规定，旨在保障嫌疑人人权，2012 年《刑事诉讼法》第 117 条新增规定：“拘传犯罪嫌疑人，应当保证犯罪嫌疑人的饮食和必要的休息时间”，再次说明了这个本旨。遗憾的是，立法对两次拘传间隔时间没有明确的执行标准。新增规定亦是“以日常生活的经验法则为准”。[②] 这一法律的模糊之处易导致滥用拘传、变相羁押的现象。笔者认为，立法在赋予司法机关灵活掌握拘传间隔的同时，起码应对间隔时间作出底线性规定。对此，英国的立法例值得参考，《1984 年警察与刑事证据法》执行守则 C 第 12. 2 条规定：在警察署进行讯问，任何 24 小时内必须保证被拘留者享有连续 8 小时，不受讯问、转移或来自警察打扰的休息时间。在司法实践中，犯罪嫌疑人还可能面临多次接受侦查机关讯问，超过间隔时间后被“再次”拘传的情形，这是《刑事诉讼法》所不禁止的。实际上，这种无条件反复拘传也可能致使拘传程序的正当性受损。笔者认为，对于再次拘传应增设附加条件，即当出现新证据或原证据证明力明显增强时，可以再次拘传犯罪嫌疑人。

三、刑事拘传之条件问题

2012 年《刑事诉讼法》第 64 条规定（2018 年《刑事诉讼法》第 66 条同），拘传适用的条件是公检法“根据案件情况”来决定，

---

① 刘玫：《关于拘传的立法完善》，载《人民检察》1996 年第 7 期，第 39 页。
② 樊崇义主编：《2012 刑事诉讼法：解读与适用》，法律出版社 2012 年版，第 178 页。

这一规定是对1979年《刑事诉讼法》第38条、1996年《刑事诉讼法》第50条的沿袭。由于“根据案件情况”之说非常原则化，具体何指不明，这就给予了公检法机关极大的自由裁量权，致使拘传面临被“合法”滥用的风险。虽然拘传是我国强制措施体系中最轻微的，但仍有必要通过立法，对拘传适用条件作出具体规定。因为刑事诉讼法上的强制措施均为对基本权利之侵犯。[①] 西方国家《刑事诉讼法》中，具体化的拘传条件设置已成为通例。以日、韩为例，依《日本刑事诉讼法》第58条规定，法院可以拘传被告人之条件为：一是被告人没有一定的住居时，二是被告人没有正当理由而不接受传唤或者有可能不接受传唤时；《韩国刑事诉讼法》第70条规定，法院有足以认为被告人犯罪的相当理由，且符合下列条件之一，可拘传被告人：被告人没有固定的住居时；被告人有毁灭证据的可能时；被告人逃跑或有逃跑可能时。在我国近代史上，《大清刑事民事诉讼法草案》第三十五条规定：“凡犯轻罪之人，如有一定住址，只发传票不得即发拘票”；第三十六条规定：“凡被告奉到传票后，应即依限到堂，如有疾病及不得已之事故，须预向公堂声明以便展期。若届期不到又不声明以不到之原委者，可发拘票拘提”。

通过以上规定可以看到，立法在大多数条件下都把传唤作为拘传的前置程序，这种做法在我国相关法律解释中也有一定程度体现，只不过将其作为了选择性条件来规定。[②] 被西方公法誉为“帝王条款”的比例原则要求，在实现法定目的的前提下，国家活动对公民的侵害

---

① ［德］克劳思·罗科信：《刑事诉讼法》（第24版），吴丽琪译，法律出版社2003年版，第273页。

② 《公安机关办理刑事案件程序规定》第六十条规定：“公安机关根据案件情况对需要拘传的犯罪嫌疑人，或者经过传唤没有正当理由不到案的犯罪嫌疑人，可以拘传到其所在市、县内的指定地点进行讯问。”《最高人民法院关于执行〈中华人民共和国刑事诉讼法〉若干问题的解释》第六十四条规定：“对经过依法传唤，无正当理由拒不到庭，或者根据案件情况有必要拘传的被告人，可以拘传。”

应当减小到最低限度。[①] 正是基于此，西方国家《刑事诉讼法》才会规定，一般情况下，拘传犯罪嫌疑人、被告人之前应首先适用非强制性、对权利侵害更小的传唤，待被传唤人无故不到案后再适用拘传。毕竟，如哈耶克所言："强制是一种恶，它阻止了一个人充分运用他的思考能力"，[②] 所以在刑事立法中应通过条件设置，避免出现过度强制的情形。对此，我国《刑事诉讼法》可加以借鉴，明确设置拘传的适用条件，具体思路为：一般情况下，拘传须有传唤在先；例外情形下，方可不经传唤而直接拘传，例外情形至少可以从以下几方面考虑：（1）犯罪嫌疑人、被告人无固定住所的；（2）传唤可能导致犯罪嫌疑人、被告人逃跑的；（3）传唤可能导致犯罪嫌疑人、被告人毁灭、伪造证据、串供或干扰证人作证的；（4）有其他无法传唤情形的。

在刑事诉讼活动中，因证人与犯罪嫌疑人、被告人诉讼地位之不同，其适用拘传的条件会有所区别。这种区别主要表现为两点：一是不能直接拘传证人，而应以传唤作为必要的前置程序；二是在何诉讼阶段可以拘传证人。对于第一点区别，已有立法例支持，譬如，《日本刑事诉讼法》第152条规定："对不接受传唤的证人，可以再次传唤，或者拘传"；《韩国刑事诉讼法》第152条规定："对于无正当理由而传唤不到的证人，可以拘传。"前述"台湾刑事诉讼法"第178条和《大清刑事民事诉讼法草案》第238条亦是如此。至于第二点区别，以德国为代表，在侦查阶段即可对证人适用拘传，而以法国、日本等多数国家为代表，仅在审判阶段才能拘传证人。我国2012年《刑事诉讼法》第188条体现了先传后拘、审判阶段拘传证人的做法。应该说，这既符合公法比例原则之要求，也是对我国传统"无

① ［德］毛雷尔：《行政法学总论》，高家伟译，法律出版社2000年版，第106－107页。

② ［英］哈耶克：《自由秩序原理》（上册），邓正来译，生活·读书·新知三联书店1997年版，第165页。

讼”法律观念影响下，证人一般不愿作证的深刻理解。同时，刑事立法对拘传证人采取更和缓的态度，有利于在惩罚犯罪与保障人权的平衡点上，提升证人出庭率，保障被告人质证权的实现。

四、刑事拘传之监督问题

西方自然正义原则认为，任何人都不得担任与己相关案件的法官，这亦是现代司法的基本程序要求。但是，依2012年《刑事诉讼法》第64条规定，公安机关、检察院和法院均有权根据案件情况，独立决定使用拘传，而不受制于其他机关。基于公权力的自利性和扩张性，这种由本机关内部决定式的监督，其效果自然十分有限，难以保证拘传之公正。笔者在基层公安机关同办案民警G访谈，他的回答颇能说明问题：

笔者问：“为什么你们大都选择传唤，而不是拘传犯罪嫌疑人？”

民警G答：“拘传是强制措施，上面对申请拘传证的审查比较严格，容易贻误战机。传唤比较自由，需要讯问时，我们可以直接传唤犯罪嫌疑人，如果他拒绝传唤，我们强制带回公安局讯问就可以了。”

民警的回答反映了挂传唤之名，行拘传之实的现象。按照民警G的理解，这是一种既能规避上级审查，又可以及时有效控制犯罪嫌疑人的“良策”。然而，这种理解却是于法无据的，因为依《程序规定》（公安部1998年发布2007年修正）第60、173条之规定，传唤与拘传都需报“县级以上公安机关负责人批准”。[①] 由于传唤并非强制措施，故在实际执行时，不易引发上级的重点关照——和拘传类似

① 2012年，公安部修订《公安机关办理刑事案件程序规定》对传唤的批准主体作了修改，其中第一百九十三条规定：“公安机关对于不需要拘留、逮捕的犯罪嫌疑人，经办案部门负责人批准，可以传唤到犯罪嫌疑人所在市、县内的指定地点或者到他的住处进行讯问。”

的严格审批，进而就出现了民警G那样的理解。实际上，这也深刻凸显出“上有政策，下有对策”般内部监督的失效。要解决这个问题，应考虑借鉴西方国家的做法，引入外部监督机制：司法令状主义，即侦查机关一般不能直接使用强制措施，而须事先由中立第三方司法审批，签发令状。令状主义具有从程序上保障强制措施法定主义的功能。①

在日本和韩国，只有法官才有拘传决定权。例如，《日本刑事诉讼法》第64条规定，拘传证“由审判长或者受命法官记名、盖章”；在韩国拘传应签发羁押票，《韩国刑事诉讼法》第75条规定，羁押票“由裁判长或受命法官签字盖章”。在法国、德国及我国台湾地区，法官和检察官都有权决定拘传。譬如，依《德国刑事诉讼法》第134、163a条规定，法官和检察官“均得对被告因讯问之目的而加以拘提”；② 在我国台湾地区拘提应用拘票，“台湾刑事诉讼法”第77条规定，拘票“于侦查中由检察官签名，审判中由审判长或受命推事签名”。我国古代虽是行政兼理司法，但拘传的使用也有同法官相联系的。唐代“追摄”与拘传类似，《唐律疏议》卷29载：“诸鞫狱官，停囚待对问者，虽职不相管，皆听直牒追摄。”③ 这里的“鞫狱官”即指审判官员。近代以来，西学东渐，1921年北洋政府颁布的《刑事诉讼条例》第五十二条规定：“发拘票之权，侦查中属于检察官，预审中属于预审推事，审判中属于审判长或受命推事。”可见，在我国历史长河中，看得到司法令状主义的影子。

---

① ［日］田口守一：《刑事诉讼法》（第5版），张凌、于秀峰译，中国政法大学出版社2010年版，第33页。

② ［德］克劳思·罗科信：《刑事诉讼法》（第24版），吴丽琪译，法律出版社2003年版，第310页。

③ ［唐］长孙无忌等：《唐律疏议》卷29《断狱律·停囚待对牒至不遣》，法律出版社1999年点校本，第596页。

从事物的性质来说，要防止滥用权力，就必须以权力约束权力。① 笔者认为，我国应本着拘传决定权和执行权相分离之原则，建立拘传的外部监督机制。具体而言，公安机关侦查的案件，由检察院来行使拘传决定权，公安机关只负责执行，这样，作为法定监督机关的检察院，才能有效监督拘传适用是否合法。同时，由于检察院对部分案件享有侦查权，那么其使用拘传则应由法院来决定，以保证拘传的客观公正。从深层次来看，我国拘传决定权与执行权合一的制度设置，是同流水线式的诉讼模式相关联的，这必然导致公、检、法三机关各自为政，缺乏监督制约。两权分离，使司法权有效介入审前程序，既引入了外部监督机制，体现司法权威，亦可保障公民能向第三方申诉，实现司法救济权，这实际上有助于构建以审判为中心的诉讼程序。

另外，司法令状主义要求拘传令状有“具体化”的记载内容，意义在于：一是避免因拘传令状之随意性导致差别适用，引发司法不公现象；二是保障被拘传人的知悉权，当私权利为公权力所侵害时，以此为据，寻求司法救济。所以，西方国家的《刑事诉讼法》中大都列有专条加以规制，比如，《法国刑事诉讼法》第123条、《日本刑事诉讼法》第64条及《韩国刑事诉讼法》第75条皆是如此。以《日本刑事诉讼法》为例，其中第64条规定：

“拘传证或者羁押证，应当记载被告人的姓名及住居，罪名，公诉事实的要旨，应带到的场所或者应羁押的监狱，有效期间及该期间经过后不得着手执行并应当将令状退回的意旨，以及签发的年月日和法院规则规定的其他事项，由审判长或者受命法官记名、盖章。

“被告人的姓名不明时，可以记载相貌、体格或其他足以识别被告人的事项，以指明被告人。

① ［法］孟德斯鸠：《论法的精神》（上册），张雁深译，商务印书馆1961年版，第154页。

“被告人的住居不明时，不需要记载住居。”

上述法条可谓相当细致。由于我国未确立司法令状主义，故新、旧《刑事诉讼法》中均没有此类条款，相关法律解释也未作出全面规定。在我国法律解释中，各机关签发拘传文书的名称就不统一，警检机关称“拘传证”，法院称“拘传票”。[①] 这再次反映出缺乏令状主义原则下的刑事诉讼，公检法机关各自为政的一面。其实，对于司法令状内容的具体化记载，美国《宪法》第四修正案已有清晰说明。美国法学界认为：“缺乏具体化特征的令状，使得警察在令状执行过程中享有太大的自由裁量空间”，[②] 从而使权力缺乏监督制约。所以，我国今后再次修正《刑事诉讼法》时，可考虑以令状具体化为原则，统一拘传文书的名称，增加诸如《日本刑事诉讼法》那样详细的拘传证记载事项，以防公权力之滥用。

五、结语

德国法学家赫尔曼言：“按照当今的德国法学思想，对于国家权力，必须进行划分和限制，同时对于公民，必须给予他可以要求法院审查的权利”。[③] 正是循着这样的思路，虽然我国 2012 年《刑事诉讼法》已对拘传制度作了修正，但今后仍有进一步完善的余地。具体而言涉及：拘传之对象为未被采取其他强制措施的犯罪嫌疑人、被告人，同时明确扩张至审判阶段的证人；将拘传时限看作侦讯对策，缩短盘查时限以解决其对拘传的替代，同时对连续拘传间隔时间作出底线性规定，对再次拘传增设附加条件；明确拘传适用条件，以传唤前

---

① 参见《公安机关办理刑事案件程序规定》第 61 条、《人民检察院刑事诉讼规则》第 32 条和《最高人民法院关于执行〈中华人民共和国刑事诉讼法〉若干问题的解释》第 64 条。

② ［美］德雷斯勒、迈克尔斯：《美国刑事诉讼法精解（第四版）（第一卷 · 刑事侦查）》，吴宏耀译，北京大学出版社 2009 年版，第 177 页。

③ ［德］赫尔曼：《德国刑事诉讼法典》（中译本引言），李昌珂译，中国政法大学出版社 1995 年版，第 6 页。

置的拘传为原则，直接拘传为例外，对证人不适用直接拘传；引入司法令状主义，实现拘传司法监督。判断某种程序是否正当程序，应当以《宪法》规范和社会的变化为基准。[①] 我国刑事拘传制度亦应以此为基准，逐渐走向完善之境。

① ［日］田口守一：《刑事诉讼法》（第5版），张凌、于秀峰译，中国政法大学出版社2010年版，第18页。

第六章　我国刑事诉讼扭送制度检讨

本章提要

扭送是我国现代刑事诉讼中的传统制度，乃国家追诉犯罪之有益补充，其作用在于发动群众同犯罪作斗争。1954年法律确立扭送制度以来，原则化的条文表达沿用至今，2012年新修正《刑事诉讼法》第82条（2018年《刑事诉讼法》第84条同）亦是如此。在西方国家，民众执行的无证逮捕与我国的扭送相类似，但却有着更为完备的法律规制。通过中西对照，从扭送之法律性质、主体、对象、执行过程及法律风险等方面作一检讨，可以考量扭送立法与操作方面的缺失。只有逐渐弥补这些缺失，方能同当今刑事诉讼惩罚犯罪与保障人权相结合之目的契合起来。

在我国现代刑事诉讼语境下，扭送是指公民使用强制手段，将现行犯或在逃犯立即送交司法机关处理的行为。这种表达肇始于1954年《拘留逮捕条例》第6条、1979年《逮捕拘留条例》第7条、1979年《刑事诉讼法》第42条、1996年《刑事诉讼法》第63条大致沿袭原法条，2012年《刑事诉讼法》第82条、2018年《刑事诉讼法》第 84 条亦无变化。[①] 西方刑事诉讼把类似的制度纳入“逮捕”范畴中，德国称“暂时逮捕”，法国和日本称“现行犯逮捕”，英美则称“无证逮捕”。无论在中国还是西方，这种制度设置之目的皆在发动公民积极参与刑事司法活动，借以控制犯罪。在修正《刑事诉讼法》过程中，我国法学界掀起了学术探讨的热潮，但对扭送制度却未加积极关注。[②] 西方刑事诉讼基于逮捕的规制视角，对我国是具有启示意义的，可使我们通过比较，检讨当下扭送制度的立法缺失。

一、扭送法律性质之检讨

法学界对扭送的法律性质存在较大争议，争议围绕扭送是否刑事强制措施展开。通说认为，强制措施是指公安机关、人民检察院和人民法院为了保证刑事诉讼的顺利进行，而依法对犯罪嫌疑人、被告人的人身自由予以剥夺或者限制的诉讼行为。[③] 从我国立法来看，2012 年和 2018 年《刑事诉讼法》将扭送规定在总则“强制措施”章中，《程序规定》把扭送置于“立案、撤案”章“受案”节内。强制措施与立案来源的不同规范，反映出扭送立法之冲突，正是立法冲突导致学界理解其法律性质时产生了分歧。这种分歧体现为三种观点：一是扭送非强制措施；二是扭送是强制措施；三是扭送乃强制措施的辅助措施。根据通说，我国刑诉理论一直强调，拘留权和逮捕权属侦查

---

① 经比对法条，细微变化仅在：为因应“无罪推定”原则，1996 年《刑事诉讼法》开始将此前扭送法律表达中的“下列人犯”修改为“有下列情形的人”。

② 譬如，以下著述或论文集就未涉及扭送制度的探讨：樊崇义等著：《刑事诉讼法修改专题研究报告》，中国人民公安大学出版社 2004 年版；龙宗智主编：《徘徊于传统与现代之间：中国刑事诉讼法再修改研究》，法律出版社 2005 年版；陈光中主编：《中华人民共和国刑事诉讼法再修改专家建议稿与论证》，中国法制出版社 2006 年版；宋英辉主编：《刑事诉讼法修改问题研究》，中国人民公安大学出版社 2007 年版；卞建林、王肃元主编：《刑事诉讼法修改：问题与前瞻》，北京大学出版社 2008 年版；杨松才、肖世杰主编：《刑事诉讼法再修改专题研究》，中国检察出版社 2009 年版；卞建林、文晓平主编：《建言献策：刑事诉讼法再修改》，中国人民公安大学出版社 2011 年版。

③ 樊崇义主编：《刑事诉讼法》（第 2 版），法律出版社 2009 年版，第 144 页。

权范畴，侦查权具有专属性，只能由国家专门机关行使，其他机关、团体和个人均不得行使。而扭送恰恰是由普通公民行使一定的强制侦查权。牢固的理论观念使扭送法律性质更加模糊不清。

在西方程序法中，有类似于我国扭送的制度设置，大致可称为“无证逮捕”。司法实践面临现行犯等紧急情况，来不及向法院申请逮捕令，为避免私人法益遭犯罪侵害，任何人无须逮捕证即可对现行犯进行逮捕。例如，《日本刑事诉讼法》第213条规定：“任何人都可以没有逮捕证而逮捕现行犯”；《英国1984年警察与刑事证据法》第24条规定：“任何人可以无令状逮捕：（a）正在实施某可捕罪的任何人；（b）他有合理理由怀疑其正在实施这样的犯罪的任何人。”实际上，无证逮捕若是警察为之，类似于我国的刑事拘留，若是普通公民采取的，则同扭送制度相似。在英美法系国家，刑事诉讼程序的启动通常是从逮捕开始的。[①] 西方国家将无证逮捕纳入侦查程序，其强制措施的法律性质得到明确。运用无证逮捕理论，便可理解我国扭送制度的法律性质，当然这里有个通说观念的转变问题。

西方刑诉基于司法审查理念，强调以司法权抑制侦查权的“令状主义”，但例外情况下，仍然允许公民行使一定的强制侦查权，无证逮捕便是一个例外。对此，日本学者田口守一解释说：“因为现行犯的嫌疑很明确，即使不进行司法性抑制，也很少可能发生错误的拘留。”[②] 所以，我们不能通过公民无权拥有国家强制力，就简单地推断扭送不是一种强制措施。诚然，公安机关、检察院和法院以国家强制力为后盾，代表国家司法，但在紧急情况下，公民无法及时获得国家公力救济，此时强制措施适用主体难以强求必须是国家强制力的代

① ［美］伦斯特洛姆编：《美国法律词典》，贺卫方、刘茂林等译，中国政法大学出版社1998年版，第139页。

② ［日］田口守一：《刑事诉讼法》（第5版），张凌、于秀峰译，中国政法大学出版社2010年版，第56页。

表者，而仅从适用结果上要求凭借强制力限制特定对象的人身自由。从这个角度来看，扭送的强制性与刑事拘留、逮捕并无差异，难怪西方国家径直称其为“无证逮捕”。我们应承认扭送即是公民实施的无证逮捕，具有强制措施的法律性质。

二、扭送主体和对象之检讨

我国2018年《刑事诉讼法》第84条规定，任何公民都可以扭送四类人，即正在实行犯罪或者在犯罪后即时被发觉的；通缉在案的；越狱逃跑的；正在被追捕的。由此，扭送的适用主体和对象得以确定，然而立法仍有值得检讨的地方。首先是扭送主体的范围问题，我国《刑事诉讼法》表述为“任何公民”。法律意义的“公民”是指具有一国国籍的自然人，[①] 故我国公民均可成为扭送主体。但是，随着改革开放的深入，我国境内的外国公民和无国籍人为数不少，他们能否实施扭送呢?《刑事诉讼法》未予规定。从立法原意来看，我国刑事司法鼓励依靠群众同犯罪作斗争，自然不应把外国公民和无国籍人排除在外。考察西方立法例，《法国刑事诉讼法》第73条、《德国刑事诉讼法》第127条、《意大利刑事诉讼法》第383条、《加拿大刑法典》第494条等皆采用“任何人”的表述，“台湾刑事诉讼法”第88条也是如此，这就扩展和明晰了无证逮捕主体的范围，值得我国《刑事诉讼法》借鉴。

其次是扭送对象的范围问题，我国《刑事诉讼法》规定了四类人，其中第一类对象学理上称为“现行犯”，后三类对象称“在逃犯”。与我国不同的是，西方国家的《刑事诉讼法》大都只将现行

① 参见我国《宪法》第33条和《国籍法》第2条的规定。

犯，或者现行犯和准现行犯两类人规定在无证逮捕对象之列。[①] 例如，《法国刑事诉讼法》第 73 条规定："在发生现行重罪或者当处监禁刑之现行轻罪的情况下，任何人均有资格抓捕犯罪行为人"，这是仅规定现行犯的情形；《日本刑事诉讼法》第 212 条规定，无证逮捕对象有现行犯与视为现行犯两类，现行犯规定与我国类似，视为现行犯的情形包括：被追呼为犯罪人时；持有赃物或者持有可以明显地认为是曾经供犯罪使用的凶器或其他物品时；身体或者衣服有犯罪的显著痕迹时；受盘问而准备逃跑时。《澳门刑事诉讼法》第 239 条也有类似的规定："行为人在犯罪后，即时被任何人追蹑，或即时被发现带有能清楚显示其刚实施或参与犯罪完毕之物件或迹象者，亦视为现行犯。"

可见，西方无证逮捕对象比我国扭送对象的范围，从总体上看要窄。但是，西方国家立法意图是明显的：较之于在逃犯，民众识别、把握现行犯更容易，对现行犯不易发生错误逮捕。在我国刑事司法实践中，扭送现行犯的情况较多，扭送在逃犯则相对少见。我国《刑事诉讼法》将司法实践少见、较难识别的在逃犯列入扭送对象，而没有把容易识别的准现行犯列入，这不能不说是一个立法缺失。日本学者松尾浩也认为：准现行犯是在适当缓和时间上的接近性、稍微偏离犯人的确定性的角度上进行把握的，"刚刚犯罪后不久"在时间间隔上不能有太大的缓和，只要没有特殊的情况，应该限定在 1、2 小

① 当然也有例外，例如，瑞典无证逮捕对象包括现行犯和通缉犯两类，《瑞典诉讼法》第 24 章"拘留和逮捕"第 7 条规定："犯有应处监禁刑的人在实施犯罪或逃离现场时被发现的，任何人都可以对其进行拘押。对通缉犯，任何人都可以进行拘押"；德国暂时逮捕对象有现行犯和追捕犯两类，《德国诉讼法》第 127 条规定："某人现行时被发觉或者被追捕，如果他有逃跑嫌疑或者身份不能立即确定时，任何人都有权即使无法官的命令也将他暂时逮捕。"参见刘为军译：《瑞典诉讼法典》，中国法制出版社 2008 年版，第 86 页；李昌珂译：《德国刑事诉讼法典》，中国政法大学出版社 1995 年版，第 59 页。

时间隔的幅度内。[①] 而松尾浩也所言“特殊的情况”在日本最高裁判所平成八年（1996 年）的决定中得到说明。[②] 我国可以考虑借鉴日本诉讼法及其学理，将准现行犯纳入扭送对象，从而使扭送制度更具可操作性。在我国《刑事诉讼法》运作过程中，正确判断扭送对象还需注意几点：扭送现行犯时，应强调扭送主体直接“目睹”而非间接“耳闻”犯罪过程；犯罪后即时被发觉的，扭送主体应从其身上是否带有凶器、赃物、血迹及其他犯罪痕迹等方面进行综合研判；对于在逃犯，则应注意扭送主体有确切的信息来源，如公安机关发布的通缉令、悬赏通告等。当然，出于尊重历史及国情起见，为鼓励广大群众积极参与犯罪防控，建议维持我国《刑事诉讼法》设置扭送对象的范围，同时增加准现行犯之规定。

三、扭送执行过程之检讨

在扭送执行过程中，扭送主体不可避免地会面对扭送的时间限度、接受处所及其强制程度等问题。然而，我国《刑事诉讼法》对此要么未予规定，要么规定得简单抽象，以至于无法适应复杂的司法实践，有碍扭送制度功能之实现。以近年发生的一起非法拘禁案为例，河南巩义白某阳扭送通缉犯刘某学致其猝死，法院以扭送人触犯非法拘禁罪，判处有期徒刑 11 年。与此相反，四川成都张某军见义勇为驾车追捕劫匪将其撞伤致死，法院作出无罪判决。同样是扭送，判决结果却大相径庭，这些案例引发了法学界对扭送执行相关问题的

---

① ［日］松尾浩也：《日本刑事诉讼法》（上卷），丁相顺译，中国人民大学出版社 2005 年版，第 62 页。

② 日本最高裁判所平成八年（1996 年）1 月 29 日的决定认为，对具备《刑事诉讼法》第 212 条第 2 款至第 4 款要件的犯罪嫌疑人，在犯罪后 1 小时或者 1 小时 40 分钟以后，在离开事发现场 40 千米以内的范围内，进行准现行犯逮捕是合法的。原因是如果多种事由同时存在，那么犯人的明确性进一步加强，这种情况下对时间衔接要件可以适当放宽。参见［日］松尾浩也：《日本刑事诉讼法》（上卷），丁相顺译，中国人民大学出版社 2005 年版，第 63 页。

争鸣。[①] 以下从三个主要争议焦点展开检讨。

首先是扭送的时间限度。《刑事诉讼法》第 84 条仅有“立即”二字，而别无他规，其实法律也很难对时间限度作出明确解释。司法实践中，到底多长时间属“立即”，应依具体案情来定。笔者认为“立即”表现为：时间上的连续性，没有不合理的迟延，而非绝对的时间间隔长短。除客观的自然原因或合理的其他原因，如长途扭送中的休歇，对扭送对象的紧急救治等原因以外，扭送不应该中止，以防止扭送演变为非法拘禁。[②] 申言之，扭送开始执行后，扭送主体的原行为自然中断，扭送行为在合理范围内具有优先性，整个扭送过程不得介入其他行为直到扭送结束。就此意义而言，扭送主体和对象在扭送过程中，同时失去“自由”。在信息化之今日社会，美国顶级网络“wikiHow”（怎么做）提示：执行无证逮捕的民众应给警察局打电话，若没带电话，应叫人用公用电话联系警方；建议不要亲自移送嫌疑犯给警方。[③] 扭送人运用即时通信联系警方，暂时看管扭送对象，听从警方安排，这在减少自身风险的同时，亦体现出时间上之“立即”。

其次是扭送的接受处所。据 2018 年《刑事诉讼法》第 84 条规定，扭送人应将对象扭送至公安机关、检察院或法院处理，不得私自或送交其他机关处置。有学者认为应扩张接受处所的范围，“除司法机关外，公安机关的人民警察、基层公安保卫组织或人员（包括治安联防部门、街道、村镇的治安保卫组织、人员）都有义务接受扭

---

① 这两个案件的案情及争鸣，可参见侯兆晓：《是见义勇为还是非法拘禁——一起被扭送者途中死亡案引发争议》，载《民主与法制》2010 年第 2 期；孙政华：《“扭送”致人死亡的法律争议》，载《政府法制》2010 年第 12 期；张晓东：《见义勇为反被诉犯罪法院宣判张德军无罪》，载《法制日报》2005 年 12 月 8 日第 5 版；沈轩：《他该不该负刑事责任？——张德军见义勇为致歹徒伤亡被控犯罪》，载《政府法制》2006 年第 3 期。

② 欧卫安：《论扭送》，载《中国刑事法杂志》1998 年第 6 期，第 57 页。

③ Evan Prodromou and 52 others, How to Make a Citizen's Arrest, http://www.wikihow.com/Make-a-Citizen%27s-Arrest, 2012-03-23.

送来的人犯”。[①] 显然，该观点是从便民视角提出的，但却忽视了一个问题——对第一时间接受扭送机关能力的考量，紧急措施之采行、合法程序之遵循及公定力之体现皆非其他组织能予胜任。所以，扭送的接受处所当以是否具备相应的能力为限度作扩张解释，例如，可扩张到公安派出所或执勤中的警力等，而不能毫无区分地将所有治保、联防组织和人员纳入。在司法实践中，基于情况紧迫复杂，扭送人往往就近先将对象交送治保或联防组织，再由这些组织移交司法机关，但这并不意味着它们是扭送接受处所，而只是在履行协助扭送的职责。

需进一步提出的是，法院不宜作为扭送的接受处所。考西方立法例，《法国刑事诉讼法》第 73 条表达为：“扭送距离最近的司法警察警官”；《加拿大刑法典》第 494 条表述为：“立即将被逮捕人扭送至治安官”；《日本刑事诉讼法》第 214 条规定，接受现行犯逮捕的处所是地方检察厅、区检察厅的检察官或司法警察职员。笔者认为，西方未将法院列入无证逮捕接受机关，原因即在：无证逮捕作为一种强制措施，属于侦查权运作下的主动行为，故不宜把逮捕对象送至具有被动性、中立地位的法官那里，而应立即将其送交行使控诉职能的警检机关处理。在我国除《刑事诉讼法》外，公安部和最高人民检察院分别颁有规范，明确了公安机关、检察院无条件接受扭送，并采取后续措施的职责，而最高人民法院则未颁任何规范。[②] 这或许从侧面反映出法院接受扭送的不适宜。

最后是扭送的强度问题，我国《刑事诉讼法》对此并未作出规定。从法理上看，自当遵循公法“帝王条款”之比例原则：不能超过必要限度，造成不应有损害。在美国，法律允许实施无证逮捕的民

① 姜忠：《浅谈扭送的几个问题》，载《山东公安丛刊》1996 年第 1 期，第 46 页。

② 参见《公安机关办理刑事案件程序规定》第 166 条、第 170 条和《人民检察院刑事诉讼规则（试行）》第 137 条。

众合理使用武力，强度同警察执行逮捕相当。[①]《香港刑事诉讼程序条例》第101A条规定，无证逮捕“可使用就当时环境而言属于合理的武力”。不过，“合理武力”仍是需要进一步解释的抽象范畴，否则极易出现“以暴制暴”之情形。对此，德国法及其学理就民众执行暂时逮捕，给出了底线性解释：(a) 适度地运用体能上的强制力，在逮捕时是许可的（但仅止于逮捕之当时，非亦含逮捕之后）。私人则完全不准使用枪械武器，即使是在最严重的情形下；(b) 如果行为人驾驶汽车，则只有当不危及其他汽车驾驶人及行为人的情形下，才方得允许运用强制手段（例如，将其车道加以截堵）使其停车；(c)《刑事诉讼法》第127条则不准许为了逮捕之目的，而闯进他人住宅。[②] 这种底线性解释是值得我国借鉴的，它为强度设置了临界点，并尽力细化了“合理”的范围。当然，人身危险性较大的嫌疑人，遭遇扭送时可能以严重暴力侵袭扭送人，这时便涉及《刑法》之正当防卫。学者陈兴良指出：“扭送人犯，如果人犯没有暴力反抗，一般采取非暴力的强制手段即可。如果人犯反抗而对其实行暴力强制，造成其一定的人身伤亡，那就转化为正当防卫了。正当防卫一般都采取暴力手段，这是正当防卫的客观表现形式。”[③] 那么此时，《刑事诉讼法》中的扭送强度问题也就转化为《刑法》正当防卫之限度问题。

值得注意的是，在美国，当民众试图执行无证逮捕时，被建议最好事先口头或以行为警告逮捕对象，其英文表达为：“Unless the person is armed, say “Stop.” Tell the suspect loudly and forcefully to stop what they're doing. Hold up your hand to indicate stopping.”（“除非此人

---

① Rolando V. Del Carmen, Criminal Procedure: Law and Practice (6th Edition), Thomson Learning, 2004, p. 167.

② ［德］克劳思·罗科信：《刑事诉讼法》（第24版），吴丽琪译，法律出版社2003年版，第305页。

③ 陈兴良：《正当防卫论》（第2版），中国人民大学出版社2006年版，第30页。

持有武器，否则说‘停止’；大声而有力地告诉嫌疑犯停止正在做的事情；举起你的手，示意停止。”）① 虽然这是针对无证逮捕操作层面的建议，但却是尽量避免逮捕执行人使用暴力，争取以弱强制甚至和平手段执行逮捕的一种努力，颇值得我国在民众实施扭送时加以借鉴。

四、扭送法律风险之检讨

现代刑事诉讼之目的是追求惩罚犯罪与保障人权的统一。2012年修正《刑事诉讼法》将“尊重和保障人权”写入第2条，这说明我国《刑事诉讼法》的价值理念开始转向社会保护和人权保障并重。具有刑事强制措施属性的扭送，自然要以此为价值导向。从扭送主体角度来看，国家为构建社会化犯罪警戒体系，应充分调动民众参与刑事司法的积极性，于此便不能使扭送人面临过大的法律风险。就扭送对象方面而言，国家应通过法律设置降低扭送的随意性、盲目性，从而减少错误扭送概率，体现人权保障精神。若不注意规避法律风险，则可能出现尴尬情景：扭送人强制扭送其认定的扭送对象，而扭送对象本着正当防卫奋力反抗，以阻止不法侵害，最后滋生斗殴的后果。此时，我国《刑事诉讼法》简略的扭送规定未见其利，已显其弊。

首先来看扭送主体面临的法律风险。古今中外，逮捕对象不会轻易就范而拒捕的案例并不少见，面对缺乏刑事强制执法能力的普通民众更是如此。由此，扭送往往会对扭送人自身权益带来一定的损害。《程序规定》第一百七十条规定：“公安机关应当保障扭送人、报案人、控告人、举报人及其近亲属的安全。”《人民警察法》第三十四条规定：“公民和组织协助人民警察依法执行职务的行为受法律保护。……公民和组织因协助人民警察执行职务，造成人身伤亡或者财

---

① Evan Prodromou and 52 others, How to Make a Citizen's Arrest, http://www.wikihow.com/Make-a-Citizen%27s-Arrest, 2012-03-23.

产损失的，应当按照国家有关规定给予抚恤或者补偿。”然而，究竟如何保障扭送人之安全？扭送人遭受扭送对象侵害又当如何救济？立法语焉不详。这导致近年我国扭送主体面临法律风险的现象频发，严重影响扭送依靠群众打击犯罪的制度设置初衷，社会上流行“英雄流血又流泪”之说即是写照。

实际上，相较于普通逮捕，我国和西方国家在扭送或无证逮捕风险规制方面，法律上都缺乏详尽的程序和步骤。我国有学者提出，应对扭送实行专门立法，制定《扭送条例》分为总则、分则、救济措施、附则四部分进行构思。① 对于大陆法系国家，这是一个相当不错的立法思路。但是，英美法系国家在司法实践中，却并未采用这个思路。对于风险规避，美国学者凯斯·R. 孙斯坦提醒：“在安全有保障前，一定小心谨慎，用一句标语性的话来讲就是：宁可小心求安全，不可冒险致后悔。”② 循着这样的学理，以美国马里兰州为例，其法律承认无证逮捕的合法性，但该州警方建议民众尽量避免实施无证逮捕，如果确有实施必要，警方给出了具体的风险规避建议，例如：

“你应权衡利弊，把自己可能受到伤害或者事后被逮捕对象起诉的危险，同行动获得的好处对比，避免得不偿失；

“如果你认为逮捕对象比你强大，不要试图逮捕；

“如果逮捕对象试图逃跑，不要使用不必要的武力，如果你这样做，逮捕对象可能有起诉你的理由。”③

美国《加利福尼亚州刑事法》第 834 条、837、838 条，④ 对民众

---

① 宋世杰、杨柳：《扭送立法新论》，载《广西政法管理干部学院学报》2008 年第 2 期，第 40 页。

② Cass R. Sunstein, Risk and Reason: Safety, Law, and the Environment, Cambridge University Press, 2002, p. 102.

③ An eHow Contributor, How to Make a Citizen's Arrest in Maryland, http://www.ehow.com/how_4515704_make-citizens-arrest-maryland.html, 2012-03-27.

④ See Chapter 5. Arrest, By Whom And How Made of Title 3. Additional Provisions Regarding Criminal Procedure of Part 2. of Criminal Procedure in the Penal Code of California (2010).

无证逮捕权限作了宏观规定，而对逮捕程序及其风险规避，亦是由加州警方给出细致建议的。[①] 2018 年《刑事诉讼法》第 84 条关于扭送的规定不足百字，无法对其程序和风险予以充分说明，这个任务可以考虑由公安机关来承担。因为公安机关是接到扭送最多的部门，也是逮捕的执行部门，积累了丰富的实务经验。但是，目前还没有公安机关对此发表官方意见，笔者在基层调研反扒问题时，曾与重庆市 S 派出所资深民警访谈：

笔者问："您认为公民扭送扒手时应注意哪些问题?"

民警答："……扭送扒手首先要注意自身安全，其次应'就近'和'立即'扭送，最好不要跨地域扭送以及拖延时间，以免对自身以及他人造成伤害，最安全的办法是马上拨打'110'。"

这个回答同美国警方的风险规避建议类似，可以看作现行《刑事诉讼法》框架下，我国警察对扭送主体风险规避的一种私下提示。

其次是扭送对象面临的法律风险，主要表现为被错误扭送，而对这种法律风险的控制又必须从扭送人方面进行。由于社会生活的复杂多变，职业化的警察尚存在错拘、错捕情况，更何况缺乏专门知识的普通民众。民众在判断扭送对象时，完全以个人的认知能力为基础，受扭送人年龄、教育水平、生活环境、是否为利益关系人等因素的影响，难免发生扭送错误。加之，我国长期以来"宁枉毋纵"的司法传统，亦使错误扭送发生率上升。我国新修《刑事诉讼法》并未因应这个问题，而《德国刑事诉讼法》对此进行了立法规制，颇值得借鉴。《德国刑事诉讼法》对公民和警察实施暂时逮捕，各自规定了不同的条件。通过比照该法第 112 条和第 127 条，[②] 可以看到公民实

---

① Charlie Gaston, How to Make a Citizen's Arrest in California, http://www.ehow.com/how_4505960_make-citizen_s-arrest-california.html, 2012-03-27.

② 李昌珂译：《德国刑事诉讼法典》，中国政法大学出版社 1995 年版，第 48-49、59 页。

施暂时逮捕的条件要严于警察，而我国2018年《刑事诉讼法》第82条和第84条，对刑事拘留和扭送的条件没有进行宽严上的区分。德国有学者举例：如果一个警察和一个公民同时在大街上认出了两天前抢劫银行的抢劫犯，警察有权逮捕，但是公民没有这个权利（因为没有满足德国《刑事诉讼法》第127条第1款规定的“当场被抓获”或“处于紧急追捕中”的要求）。①

该案例若发生在我国，警察有权拘留，公民亦有权扭送。德国法之所以作严格的法律设置，原因即在普通民众判断现行犯比较容易，可最大限度降低错误逮捕的风险。在德国刑事法学界，大部分学者认为，法律允许民众实施暂时逮捕不是为私人利益而设，而是为了保全公共利益，以提升刑事追诉效率。在美国也有类似的观点认为，当存在相信某人实施了犯罪的依据时，假设法律实施的公共利益高于个人自由，那么逮捕该人是有依据的。② 德国学者克劳思·罗科信说：“私人在此逮捕之实施中即成就一项公共的任务，此时如果要他再担负无辜所犯下之错误的风险，实不公平。只要私人在无过失之情形下认为有《刑事诉讼法》第127条第1项之要件存在时，其即具有逮捕之权。”③ 显然，罗氏对错误逮捕持一种宽松的态度，鼓励民众在法定条件下执行暂时逮捕，以充分实现刑事诉讼之目的。另一位学者托马斯·魏根特也持宽松态度，他认为民众执行暂时逮捕的合法性建立在充分怀疑的基础上，而非嫌疑人确实有罪，这不仅表现了更为明智的刑事政策，而且更好地与程序合法性的一般原则相适应。④ 虽然

---

① ［德］托马斯·魏根特：《德国刑事诉讼程序》，岳礼玲、温小洁译，中国政法大学出版社2004年版，第93－94页。

② ［美］拉费弗、伊斯雷尔等：《刑事诉讼法》，卞建林、沙丽金等译，中国政法大学出版社2003年版，第202页。

③ ［德］克劳思·罗科信：《刑事诉讼法》（第24版），吴丽琪译，法律出版社2003年版，第303页。

④ ［德］托马斯·魏根特：《德国刑事诉讼程序》，岳礼玲、温小洁译，中国政法大学出版社2004年版，第94页。

“无过失”和“充分怀疑”是弹性化的范畴，需要法官根据实际案例进行认定，但它们无疑构成了无证逮捕对象面临法律风险的“调控阀”，以及公私法益的“平衡阀”。这一点值得我国司法实务界在具体适用2018年《刑事诉讼法》第82条时加以考虑：因扭送往往在紧急情况下发生，故不能强求普通民众准确判断犯罪构成要件，而只要求扭送人说明扭送对象的行为具有犯罪性之表征。

五、结语

综上所述，基于西方无证逮捕的对比视角，我国刑诉扭送制度无论在立法还是操作层面，皆有完善之必要。扭送的法律性质应为强制措施；扭送主体为“任何人”，对象当增设准现行犯；在扭送执行过程中，时间限度应以“连续性”为本，司法时灵活掌握，接受处所为警检机关，强度当作出底线性解释；警方对扭送法律风险的规避，可在实际操作层面作出官方提示。在理念上，扭送制度当本着惩罚犯罪与保障人权相结合之原理，着眼于公私法益间的平衡，因为它们都是“对于人类和平、自由地共同生活所必不可少的”。[①] 2012年和2018年修正《刑事诉讼法》未能修订此前的扭送规定，这不能不说是一种遗憾。但是，正如2012年关于我国《刑事诉讼法》修正案（草案）的说明所言：“刑事诉讼法的修改要根据经济社会发展的实际，循序渐进，逐步完善。”扭送制度亦要在检讨实践中逐渐迈入完善之途。

---

① ［德］克劳思·罗科信：《刑事政策与刑法体系》（第2版），蔡桂生译，中国人民大学出版社2011年版，第71页。

第七章　恐怖主义犯罪刑事管辖的几个相关问题

本章提要

刑事管辖是追诉犯罪的必要前提。恐怖主义犯罪作为一种多因素影响下的国际犯罪，其管辖问题具有一定的特殊性。在厘清基本概念的基础上，从国际法和国内法两个层面分析恐怖主义犯罪之管辖，进而提出我国相关立法的完善对策，有助于在法治视野下理解恐怖主义犯罪管辖相关问题。

相较于普通的刑事犯罪，恐怖主义犯罪因其“国际性”，而具有更加严重的社会危害性。从“9·11”事件到近年来国际、国内一系列暴恐案件频发，充分显示出恐怖主义犯罪对世界和平的粗暴践踏。在全球化背景下，尽管世界各国在政治体制、法治传统等方面有所差异，但无疑都将恐怖主义犯罪视为最严重的犯罪之一，并在反恐国际刑事司法合作等领域达成了基本共识。鉴于管辖是刑事诉讼活动中首要解决的问题，[①] 本章在厘清恐怖主义相关概念的基础上，从国际法和国内法两个层面，解析恐怖主义犯罪之管辖问题，从刑事法治的角

① 陈光中主编：《刑事诉讼法》（第4版），北京大学出版社2012年版，第108页。

度提出我国的完善对策。

一、恐怖主义与恐怖主义犯罪的内涵

正确理解“恐怖主义”是阐释“恐怖主义犯罪”的必要前提。但是，迄今为止，对恐怖主义尚未形成国际统一适用的法律概念。2001 年，上海合作组织成员国签署《打击恐怖主义、分裂主义和极端主义上海公约》，该公约首次在国际范围内对“恐怖主义”作了明确界定。根据该公约第 1 条规定，恐怖主义包含两个方面：一是公约附件所列十项反恐条约之一认定并定义为犯罪的行为；二是致使平民或武装冲突情况下未积极参与军事行动的任何其他人员死亡或对其造成重大人身伤害、对物质目标造成重大损失的任何其他行为，以及组织、策划、共谋、教唆上述活动的行为，而此类行为因其性质或背景可认定为恐吓居民、破坏公共安全或强制政权机关或国际组织以实施或不实施某种行为，并且是依各方国内法应追究刑事责任的行为。这一规定可以说清晰地展示了恐怖主义之基本内涵。

对恐怖主义犯罪的界定亦是见仁见智，归纳理论和实务界之观点，大致有概括式和列举式两种界定方式。国际社会最早针对恐怖主义的立法实践是 1937 年的《防止和惩治恐怖主义公约》，此公约第 1 条对恐怖行为作了概括式界定，即“恐怖行为是直接反对某个国家，其目的和性质是在个别人士、团体或公众中制造恐怖的犯罪行为”，紧接着第 2 条又具体列举了数种恐怖行为。遗憾的是，该公约因“第二次世界大战”爆发，未能生效，但其奠定了现代反恐国际立法之基础当属无疑。又如，英国《简明不列颠百科全书》亦对恐怖主义作了概括式的解释，而 1977 年《制止恐怖主义欧洲公约》则列举了非法劫持航空器、绑架、劫持人质、适用炸弹危及人身安全犯罪等数种恐怖主义犯罪行为。我国理论和实务界对恐怖主义犯罪的认识也经历了不断深化的过程，这一过程表现出的一个典型特征是，将恐怖主义犯罪理解为具有严重社会危害性的刑事犯罪，而不是一种政治犯罪，甚至并不必然具有政治目的。非政治化的界定方式，更有利于国际社会在恐怖主义犯罪认识上达成一致。还有学者指出，恐怖主义犯罪经历了一个由国内《刑法》规制的“条约犯罪”向国际法下的“国际犯罪”的演变过程，很多国家和学者认为其应由国际层面的司法机构进行审判。① 虽然理论和实务界对恐怖主义犯罪的界定并不统一，但是透过这些概念，仍可归纳出恐怖主义犯罪的一些基本要素：一是恐怖主义犯罪具有向政府、国际社会传达信息的政治企图，故有学者称其为一种“政治暴力”，当然不排除也可能具有“哲学、意识形态或宗教等其他目的”；② 二是全球化背景下的恐怖主义犯罪一般具有“国际性”，其组织、支助、实施、传播往往跨越国界；三是受害者具有不确定性，这样有利于制造不可预知的恐怖氛围，引发大规模社会恐慌；四是恐怖主义犯罪往往具有一定的组织性，区别于个体、松散的普通刑事犯罪。

二、国际法对恐怖主义犯罪的管辖体制

在长期司法实践的基础上，国际法中已涵盖包括属地管辖、属人管辖、保护管辖、旗国管辖、普遍管辖等原则。鉴于恐怖主义犯罪系一种国际犯罪，出于维护人类整体利益之需以及管辖原则本身之诉讼功能，普遍管辖原则在20世纪60年代以来联合国主持通过的《制止恐怖主义爆炸的国际公约》《制止向恐怖主义提供资助的国际公约》等十余项反恐多边国际公约中得到明确规定。我国《刑法》第9条也体现了这一原则。所谓普遍管辖原则，亦称“世界主义”，以保护

---

① 黄文旭、李飞：《论国际刑事法院对恐怖主义犯罪的管辖权》，载《江南社会学院学报》2007年第4期，第15－16页。

② 刘华、肖中华：《当代恐怖主义犯罪研究》，摘自赵秉志、陈弘毅主编《国际刑法与国际犯罪专题探索》，中国人民公安大学出版社2003年版，第142页。

各国共同利益为标准，认为凡是国际条约所规定的侵犯各国共同利益的犯罪，不管犯罪人的国籍与犯罪地的属性，缔约国或参加国发现犯罪在其领域之内时便行使刑事管辖权。① 国际法上普遍管辖原则的适用对于惩治恐怖主义犯罪具有重要意义。一方面，其他原则有可能使恐怖分子（组织）逍遥法外，而普遍管辖则弥补了这一缺漏，其犹如一张“天罗地网”，使恐怖主义犯罪无论发生在何处，都将受到应有的刑罚；另一方面，普遍管辖原则促使打击恐怖主义犯罪成为世界各国的国际法义务，有助于提升打击恐怖主义犯罪的力度。

当然，反恐国际公约皆以1970年《关于制止非法劫持航空器的公约》为基础，对管辖作出相关规定。根据公约之规定，普遍管辖存在适用的必要前提，即罪犯所在国不把罪犯引渡给具有属地、属人、保护管辖权的国家时才能适用。据此，普遍管辖原则的这种补充适用效力是需要注意的问题。这也说明主权国家仍然是当前惩治恐怖主义犯罪的主要力量，当国与国之间针对恐怖主义犯罪的管辖权出现竞合时，有必要明确适用先后次序。有学者提出，应优先适用属地原则，次之属人原则，这样更便于证据获取，以及当事人和证人参与诉讼，最大发挥管辖权适用效益。② 实际上，在适用普遍管辖原则诉讼中，其实体法适用的依据仍然是国内《刑法》而非国际条约。因为，国际条约没有对罪行规定法定刑，而是要求缔约国或参加国将国际条约所列的罪行规定为国内《刑法》上的犯罪。③

2002年，《国际刑事法院罗马规约》(以下简称《罗马规约》）生效后，国际刑事法院这一常设性机构得以创设。之后，越来越多的专家学者主张将国际恐怖主义犯罪纳入其管辖范围。然而，根据规约规

① 张明楷：《刑法学》（第4版），法律出版社2011年版，第78页。

② 王秀梅、杜澎等：《惩治恐怖主义犯罪国际合作中的普遍管辖》，载《法学评论》2003年第4期，第83页。

③ 张明楷：《刑法学》（第4版），法律出版社2011年版，第79页。

定，国际刑事法院管辖权仅限于灭绝种族罪、危害人类罪、战争罪、侵略罪四类国际社会关注的最严重犯罪，恐怖主义犯罪不在其列，这在很大程度上成为国际刑事法院管辖恐怖主义犯罪的障碍。而规约未将恐怖主义犯罪纳入的原因主要有三个：一是国际社会缺乏对恐怖主义普遍认可的标准定义；二是一些恐怖行为是否属于国际社会关注的“最严重犯罪”存疑；三是把恐怖主义犯罪纳入规约可能使国际刑事法院趋于政治化。① 尽管存在这些问题，但是仍有俄罗斯、印度、土耳其、利比亚等国建议规约对恐怖主义犯罪作出规定。我国也有学者指出，由于国际恐怖主义犯罪可能牵涉政治因素，与其将嫌疑人引渡给他国，不如将其提交国际刑事法院来审理，这无疑是一种“更为优雅的解决方式”。② 笔者认为，随着全球化背景下恐怖主义犯罪这一非传统安全威胁的持续加大，至少将国际刑事法院作为国际恐怖主义犯罪管辖的候补主体，已殊显必要。

三、国内法对恐怖主义犯罪的管辖模式

针对恐怖主义犯罪，各国一般都在刑事实体法和程序法中作出规定。从这些规定来看，在立案、犯罪侦查、起诉、审判到执行的整个刑事诉讼过程中，各国往往都存在一些特别的经验做法。譬如，“9·11”事件后，美国就展开了曾一度被认为是第五次警务革命的“反恐导向警务”。但是，就刑事管辖而言，这些经验做法主要从两个方面，促成了恐怖主义犯罪的国内法管辖模式：一个是在刑法典或者反恐专门法中对恐怖主义犯罪管辖问题作出规定，另一个是形成了不同于普通案件的专门的审判管辖模式。

---

① Christian Much, The International Criminal Court (ICC) and Terrorism as an International Crime, 14 Mich. St. J. Int'l L 121 (2006).

② 曾令良：《国际法发展的历史性突破——〈国际刑事法院规约〉述评》，载《中国社会科学》1999 年第 2 期，第 151 页。

在刑事实体法方面，有的国家在刑法典中对恐怖主义犯罪管辖权作了规定。例如，根据《法国刑法典》第 113－10 条之规定，恐怖活动罪将适用法国《刑法》；而《意大利刑法典》第 7 条规定，公民或外国人在国外实施以恐怖主义为目的之犯罪，依照意大利法律处罚。还有的国家制定了专门的反恐法，对恐怖主义犯罪的管辖权作了进一步明确或者补充。例如，新加坡的《反恐怖主义法》就对恐怖主义犯罪的管辖权作了延伸规定；澳大利亚《2005 年第 2 号反恐怖主义法》扩大了刑法典对恐怖行为的属地管辖范围；《新西兰刑事法典》第 7A 条规定，在新西兰境外实施恐怖犯罪行为时违反本法的，法院可以提起诉讼，而恐怖犯罪行为则源自 2002 年《打击恐怖主义法》第 5 条之规定。

从世界范围来看，刑事程序法关于恐怖主义犯罪的审判管辖制度方面，较为典型的主要有三种模式：一是以美国为代表的“双轨制”[①] 管辖模式；二是以西班牙、印度等国为代表的专门法院（法庭）管辖模式；三是以法、德为代表的普通法院管辖模式。

所谓“双轨制”是指由普通法院和特别军事法庭并存的管辖模式。“9·11”事件发生后，美国调整了外国公民恐怖主义犯罪的审判管辖，由“9·11”事件前任何国家公民涉嫌恐怖主义犯罪均由普通法院管辖，转变为非美国公民由反恐军事法庭专属管辖。美国原总统布什于 2001 年签署第 1 号军事命令，以及此后 2006 年《军事审判委员会法令》的颁布，则是反恐军事法庭设立的重要标志。奥巴马政府对反恐军事法庭的态度有所反复，并于 2009 年对《军事审判委员会法令》作了一些修改，删除了部分争议条款，但却仍然保留了这个机构。在这种管辖模式下，出于对国家安全的追求和犯罪控制之目的，相当程度上偏离了审判公开、平等对抗、人权保障等现代司法

① Norman Abrams, Anti－Terrorism and Criminal Enforcement, Thomson Reuters, 2012, p. 54.

理念，因此，一直以来为各界所诟病。

西班牙、印度等国是在司法系统中设置专门的法院或法庭，管辖恐怖主义犯罪案件。西班牙从20世纪70年代开始，恐怖主义犯罪案件专属国家高等法院管辖。在印度，根据其2001年出台的《防止恐怖主义法》之规定，中央和地方政府可以指定特别法庭管辖恐怖主义犯罪案件。此外，巴基斯坦、哥伦比亚、阿富汗等国也采用了与此相似的管辖模式。

法国和德国则是由普通法院来管辖恐怖主义犯罪案件。在法国，根据其《刑事诉讼法典》第706－17、706－17－1条之规定，构成轻罪的恐怖主义犯罪案件，其审判管辖较为灵活，既可以由地区轻罪法院管辖，亦可由巴黎轻罪法庭管辖；凡构成重罪的恐怖主义犯罪案件，则应统一交由巴黎重罪法庭专属管辖。在德国，恐怖主义犯罪也是由区、地方、联邦普通法院管辖的。但是，较之于普通刑事犯罪，采用普通法院管辖的国家一般会考虑提高审级，以保证复杂、敏感的恐怖主义犯罪案件顺利审判。

四、我国恐怖主义犯罪管辖相关立法之完善

随着恐怖主义在全球范围内滋长蔓延，我国恐怖活动已进入活跃期、扩散期、斗争激烈期。近年来，北京、新疆、昆明、广州等地发生的暴恐案件足以说明问题。为有效惩治恐怖主义犯罪，我国反恐法治化进程稳步向前推进，2015年出台了《反恐怖主义法》，恐怖主义犯罪管辖问题也日益受到关注。尽管如此，当前我国刑事法有关恐怖主义犯罪及其管辖的规定仍存在一些缺陷，有待进一步完善。

在刑事实体法方面，目前，我国形成了《刑法》及其修正案与相关法律解释（如2011年《全国人大常委会关于加强反恐怖工作有关问题的决定》）构成的惩治恐怖主义犯罪的法律体系。在我国《刑法》中，是以“恐怖活动犯罪”来指称“恐怖主义犯罪”的，显然

前者的内涵要窄于后者，与国际上常用的后者表述并不一致。同时，我国《刑法》并未明确界定恐怖主义犯罪的概念，也未对其构成要件予以充分说明，这可能会模糊恐怖主义犯罪与其他暴力犯罪的界限，加之当前国内“暴恐案件”的连用说法，都对恐怖主义犯罪准确的司法认定产生了障碍。为此，笔者建议以立法解释的形式，对恐怖主义犯罪之罪名（包括罪名体系）、内涵和犯罪构成要件作明确界定。另外，考虑到恐怖主义犯罪对国家安全的严重侵害，可以将其由“危害公共安全罪”调整至“危害国家安全罪”之中。

在刑事诉讼方面，我国以诉讼法典和相关司法解释（如2014年《关于办理暴力恐怖和宗教极端刑事案件适用法律若干问题的意见》）对恐怖主义犯罪的诉讼问题作了规定，但现行《刑事诉讼法》并未对恐怖主义犯罪案件的管辖进行特别规定。2012年修正《刑事诉讼法》时，将恐怖活动案件列为由中级人民法院第一审管辖的范围，这就提升了此类案件的审级，与国外普通法院管辖模式比较类似。当然，提升审判管辖的级别只是问题的一个方面，与之相配套的法官选任、培训、考核以及办案专门化机制的构建，以适应重大、复杂、敏感的恐怖主义犯罪案件审理之需，也是提高案件级别管辖效能的重要方面，这恰恰是当前有所忽视的。而司法改革提出的巡回法庭管辖、跨区法院管辖等制度，也为今后健全完善反恐审判管辖提供了探索性的思路。

最后，需要指出的是，我国不宜像美国那样设立专门的反恐军事法庭，对恐怖主义犯罪案件进行专属管辖，否则就可能背离反恐法治化、诉讼中人权保障的方向，陷入为各界所诟病的泥沼。已有学者注意到，我国《刑事诉讼法》在恐怖活动犯罪上的“一国两制”暗合了“敌人刑事诉讼法”的某些理念，可能会给人权保障带来危险。①

---

① 万毅：《微观刑事诉讼法学：法解释学视野下的〈刑事诉讼法修正案〉》，中国检察出版社2012年版，第48－60页。

因此，在完善恐怖主义犯罪管辖制度时，亦须谨记惩治犯罪与保障人权相结合的诉讼理念，而不能偏废其一。目前，我国虽然尚未加入《罗马规约》，但该规约针对反恐刑事诉讼特别程序的构建，特别是其中的证据规则、证人保护、国际刑事司法协助等内容，却是值得全面依法治国时代背景下，我国反恐刑事法治完善加以借鉴的。

五、结语

管辖作为刑事诉讼的一项重要制度，刑事诉讼法教科书对其重要意义都有类似的阐述，如“管辖制度的确立，对于确保公检法机关各负其责，正确行使职权，及时立案，顺利开展侦查、审判工作，防止管辖争议和由此形成的诉讼拖延，保证刑事诉讼的顺利进行和刑事诉讼目的的实现，具有十分重要的意义”。[①] 从中不难看到管辖制度在刑事诉讼中的重要作用，而恐怖主义犯罪自身的特点决定了管辖问题的复杂性，通过对国际法和国内法就恐怖主义犯罪的管辖体制或模式分析即可看到这种复杂性。在反恐斗争日益严峻的形势下，我国只有在借鉴吸收国外立法的基础上，健全完善我国恐怖主义犯罪管辖相关制度，方能为恐怖主义犯罪治理创造有利的法律程序条件。

---

① 陈卫东主编：《刑事诉讼法》（第4版），中国人民大学出版社2015年版，第86页。

第八章 我国恐怖主义犯罪诉讼程序法治化问题探讨

本章提要

我国2012年修正的《刑事诉讼法》对恐怖活动犯罪作了一些特别规定，但规定尚显粗疏、系统性不强，还有进一步完善之必要。在《反恐怖主义法》已颁行的时代背景下，我国今后可采用《刑事诉讼法》和反恐法相结合的立法模式，把握好反恐诉讼程序与法治理念、人权保障及权利克减的关系，在《刑事诉讼法》中设专章完善细化恐怖主义犯罪案件的管辖、侦查、审判等规定，以实现恐怖主义犯罪诉讼程序之法治化。

从美国“9·11”事件、法国巴黎恐怖袭击案到我国新疆、昆明、广州等地暴恐案件的发生，恐怖主义犯罪在全球蔓延汹涌，上升为各国主要安全威胁之一。在我国全面推进依法治国的时代背景下，对恐怖主义犯罪的治理无疑应纳入法治轨道中。我国《刑法》及其修正案在实体法层面对恐怖主义犯罪作了规定，2015年出台的《反恐怖主义法》则为我国反恐工作的开展提供了坚实的法律支撑。[①] 2012 年我国修正《刑事诉讼法》，虽对恐怖活动犯罪在程序上作了一些特别规定，但较之严峻的反恐形势和国外成熟的程序立法经验，尚有进一步完善之必要。为此，本章阐述恐怖主义犯罪诉讼程序法治化的必要性并从法理角度加以分析，通过借鉴国外反恐诉讼程序立法，提出我国立法模式选择和程序重构之设想。

一、我国恐怖主义犯罪诉讼程序法治化之必要性

为加大惩治恐怖主义犯罪的力度，我国《刑法》及其修正案已在实体法上对恐怖主义犯罪作了规制，[②] 但是，《刑事诉讼法》并未作出相应调整，这可能会导致《刑法》通过《刑事诉讼法》被“相对化”[③] 的结果。现阶段，我国恐怖主义犯罪诉讼程序立法已显现出两个特点：一是程序法弱于实体法，有碍国家刑罚权的实现；二是程序立法滞后于法治发达国家，不利于开展反恐国际刑事司法合作。基于此，我国恐怖主义犯罪诉讼程序法治化之必要性，至少体现在三个方面。

第一，恐怖主义犯罪较之一般犯罪具有一定的特殊性。目前，世界各国对恐怖主义和恐怖主义犯罪之概念并未达成一致意见，但恐怖主义犯罪的严重危害性、反人类性等特征却早已为各国所认识。美国学者施密德和乔曼等在分析 100 余个恐怖主义定义后发现，暴力（武力）、政治性、威胁三个词汇出现的频率排名靠前。[④] 据此，我们可

---

① 学界对我国反恐法性质和定位的认识并不一致，笔者认为，从 2015 年 12 月颁行的反恐法立法宗旨来看，当属于综合法；就其立法内容而言，偏重于行政法。

② 我国于 1997 年修正《刑法》后又通过《刑法》修正案（三）、（六）、（八）和（九）对恐怖主义犯罪相关实体规定作了修改完善。

③ ［日］田口守一：《刑事诉讼法》（第 5 版），张凌、于秀峰译，中国政法大学出版社 2010 年版，第 2 页。

④ Alex P. Schmid, Albert J. Jongman et al., Political Terrorism, Amsterdam: North - Holland Publishing Company, 1988, pp. 5 - 6.

归纳出恐怖主义犯罪的一些共性。一是恐怖主义犯罪以暴力行为为基本手段，如爆炸、绑架、劫持等。这一特点亦使恐怖主义犯罪显露出与其他犯罪并发的趋势，据媒体报道，“伊斯兰国”就通过贩卖毒品和文物为其恐怖行为提供资金。二是恐怖主义犯罪虽目的鲜明，但犯罪对象、方式等却具有不确定性。恐怖主义犯罪往往针对不特定的非战斗目标，旨在通过制造社会恐慌实现某种政治诉求或者社会目的。比如，在巴黎恐怖袭击案中，袭击者为报复法国在叙利亚开展的军事行动，针对平民使用了低价易制的爆炸物“撒旦之母”。三是恐怖主义犯罪往往是有计划、有组织的行为。这使其呈现出国际化、流动性强等特点，在我国新疆频繁制造暴恐案件的“东突”势力，就与境外恐怖组织有着紧密的勾连。恐怖主义犯罪的这些特点明显异于一般犯罪，故有必要通过特别诉讼程序加以应对。

第二，我国《刑事诉讼法》中有关恐怖活动犯罪的规定还不完善。我国《刑事诉讼法》中有关恐怖活动犯罪的规定分散在七个条文中，具体涉及审判管辖、辩护律师会见、证人特殊保护、监视居住和拘留执行、技术侦查适用、没收违法所得启动等内容。这些法律条文表现出两个特点：一是条文内容还不够具体，可操作性不强，如《刑事诉讼法》第 64 条规定恐怖活动犯罪案件中，证人、鉴定人和被害人作证危及本人或近亲属安全的，公检法机关都有人身保护的职责，若对其不予保护或保护不及时，则没有赋予法定主体相应的救济权利，这即是立法之疏。又如，2018 年《刑事诉讼法》第 150 条规定了对恐怖活动犯罪技术侦查的适用，但却未能明确技术侦查的具体内容，这就使其可操作性大打折扣。二是没有形成针对恐怖主义犯罪的系统化的程序规范，导致一般犯罪和恐怖主义犯罪等重大复杂案件诉讼程序趋同化，难以满足后者在侦查手段、强制措施、司法证明等方面的特别需要。遗憾的是，我国 2012 年《刑事诉讼法》虽对恐怖活动犯罪的特殊性予以了关注，但在其增设的“特别程序”一编中并未包含恐怖主义犯罪特别诉讼程序之规定。

第三，是我国加强反恐国际刑事司法合作的迫切需要。为应对恐怖主义的威胁，20 世纪末以来，以美国为代表的西方国家加强了恐怖主义案件的刑事程序立法。如“9 · 11”事件后，美国颁布的《爱国者法》就扩张了警察机关的权限范围，涉及搜查、监听、羁押、司法审查等一系列诉讼制度；法国《刑事诉讼法》则在第四卷“几种特别诉讼程序”中专门设置了“恐怖活动罪的追诉、预审与审判”一编。近年来，随着恐怖主义在全球的迅速蔓延，国际社会强化了反恐协作，我国也签署加入了《制止恐怖主义爆炸的国际公约》《制止核恐怖行为国际公约》《上海合作组织反恐怖主义公约》等一系列国际反恐公约。在反恐国际化进程中，只有实现恐怖主义犯罪诉讼程序的法治化，我国才可能最大限度地减少与域外在反恐领域的对立冲突，密切与国际社会的反恐立法交流与司法合作，切实履行国际反恐公约中的义务规定。

二、我国恐怖主义犯罪诉讼程序之立法模式选择

从世界范围来看，大多数国家都对恐怖主义犯罪诉讼程序进行了专门立法。所谓“专门”，是指在专门制定的反恐法典中规定恐怖主义犯罪诉讼程序，或者在刑事诉讼法典中以专门章节规定反恐诉讼程序。如果以是否在《刑事诉讼法》中专门规定恐怖主义犯罪诉讼程序为标准，大致可分为三种模式，即反恐法典模式、刑事诉讼法典与反恐法相结合模式和附属立法模式。

采用反恐法典模式的代表国家有美国、英国和俄罗斯，这也是当前多数国家采用的反恐诉讼程序立法模式。2001 年 10 月，美国参、众两院高票通过的《爱国者法》及其之后的修正案或增补案就包含了反恐诉讼程序立法相关内容，如恐怖主义犯罪案件的监督程序、恐怖嫌疑犯的强制拘留和司法审查制度等。其后，美国又相继颁布了

《情报改革和预防恐怖主义法》《军事委员会法》等多部反恐立法，构筑了一种遭到国际社会谴责的“反恐战争模式”。“9·11”事件后，英国出台了《反恐怖主义、犯罪和安全法》《反恐怖主义法》等共四部反恐法，对恐怖分子及组织的认定、控制措施、警察权限、反恐司法协作等方面作了全面规定。俄罗斯早在1998年就颁布了反恐怖法，2006年总统普京签署了新的《俄罗斯联邦反恐怖主义法》，其中也涉及恐怖主义刑事案件的调查主体、侦查特权、诉讼程序监督等内容。此外，西班牙、加拿大、沙特阿拉伯、尼日利亚等国也基本采用此种立法模式。法国是采用刑事诉讼法典与单行反恐法相结合模式的典型国家。法国除了在刑事诉讼法典中设专编规定反恐特别诉讼程序外，于1986年颁布了反恐怖法，随后又制定了多份修正案进行调整修改。而德国则采用了一种附属立法的模式，即不专门组织制定反恐法典，分别通过调整本国《基本法》《刑事诉讼法》《组织法》《外国人法》等法律，使其符合反恐特别程序之需要。采用这种立法模式或许与德国司法实务界主张“在进行刑事调查、关押和逮捕恐怖主义分子时遵守法治国和人权保护方面的有关规定”① 有关。

国外的恐怖主义犯罪诉讼程序立法模式虽然各有差异，却也表现出了一些共同的特点。一是都注意到了反恐诉讼程序立法的特殊性，故而不管是采用何种立法模式，都不同程度地对反恐诉讼程序进行了专门化的立法对待。二是大都扩张了执法部门对恐怖主义犯罪的调查取证权，使传统《刑事诉讼法》强调控辩双方的平等性、侦控行为的司法监督等受到一定冲击。有的国家出现了执法部门在侦办恐怖案件时，刑讯、殴打、虐待恐怖嫌疑犯的情况。这也成为引发国际社会广泛讨论打击恐怖主义对人权的侵犯和人权保障关系的一个重要原因。三是加强了执法和情报信息部门间的合作及反恐国际刑事司法协

---

① 张美英主编：《德国与欧盟反恐对策及相关法律研究》，中国检察出版社2007年版，第12页。

作。有的国家甚至废除了一贯坚持的对恐怖主义犯罪司法调查和情报活动共享信息的禁止性规定。实际上，这些共同点也是我国在选择恐怖主义犯罪诉讼程序立法模式时需加以关注的。

当前，我国《刑事诉讼法》中有关反恐程序的规定较为分散和疏略，也没有形成系统化的程序规则体系。结合我国反恐实际、立法基础及传统，笔者认为，法国式的刑事诉讼法典与反恐法相结合的立法模式，不失为一个相对合适的选择。主要原因在于：一是我国出于应对特殊案件之考虑，2012 年《刑事诉讼法》已设有“特别程序”专编，其中虽未囊括反恐特别程序，但却为《刑事诉讼法》中专设章节加以规定提供了有益参考，亦可使《刑事诉讼法》中零散的反恐特别程序规定迈向全面、系统化。二是现行《刑事诉讼法》中诸如侦查权运行、辩护权行使等原则、规范具有相当的普适性，对反恐程序依然应当继续适用，这样才能既使反恐特别程序保持一定的独立性，又能与现行刑事诉讼规范体系最大限度地避免冲突、保持协调。三是我国最近出台的反恐法内容偏重于行政法，并不直接涉及反恐诉讼程序，① 而在《刑事诉讼法》中专门规定反恐诉讼程序，可以解决刑事法律与反恐怖主义法等法律的配套衔接问题，② 以形成有机衔接配合的反恐法律体系。

三、我国恐怖主义犯罪诉讼程序之法理分析

恐怖主义犯罪诉讼程序虽具有专门化的特点，但不可否认的是，它脱胎于普通刑事诉讼程序，自当遵循刑事司法的基本精神和理念，达致程序正义的最低限度。有学者指出，反恐与法治并不背离，反恐

① 我国《反恐怖主义法》共包括十章内容，分别为总则、恐怖活动组织和人员的认定、安全防范、情报信息、调查、应对处置、国际合作、保障措施、法律责任、附则。

② 赵秉志、杜邈：《刑法修正案（九）：法益保护前置织密反恐法网》，载《检察日报》2015 年 9 月 28 日第 3 版。

脱离了人权与法治的约束就失去了意义。[①] 因此，反恐诉讼程序的设置便需对价值冲突进行合理的平衡。笔者从法理层面选取三个维度，就反恐诉讼程序与法治理念、人权保障及权利克减之关系加以分析，这也是构建我国恐怖主义犯罪诉讼程序应把握好的基本原则。

宏观层面是反恐诉讼程序中法治原则的彰显。程序法治是反恐诉讼程序要坚持的首要原则，亦是促使反恐具备合法性、公正性的制度保障。特别是在我国这样一个缺乏法治传统的国家，长期以来刑事司法具有强职权主义色彩，法治原则就显得尤为重要。早在2000余年前，古希腊先贤亚里士多德便提出了法治的两层含义，即法律获得普遍的服从和获得服从的法律本身是制定得良好的法律。有人出于对恐怖主义犯罪严重危害性之考虑，认为过多地讲程序法治会束缚公安司法机关惩治犯罪的手脚，不利于应对严峻复杂的反恐形势，切实维护国家安全和公共安全。但是，如果不对司法权力以缜密的程序进行节制，则完全可能出现一面是恐怖主义犯罪产生严重危害，另一面却是公安司法机关“以暴制暴”式的刑事司法，彻底打破安全、公正、自由等法治价值间的平衡。实际上，相较于普通刑事诉讼程序的严格性，反恐诉讼程序本已表现出了一定的针对性和灵活性，美国推行的“反恐战争模式”之所以被人们谴责，一个重要原因就在于其逾越了程序法治所设定的权力限度。难怪国外学者指出，反恐行动的合法性才是“最重要的战略武器”。[②] 基于此，要使法治原则在反恐诉讼程序中发挥好作用，至少要从两个方面努力：一是真正树立“依法”

---

① 祁建建：《我国反恐刑事程序特别规定的完善》，载《中国法律》2014年第5期，第42页。

② Kevin E. Lunday, Harvey Rishikof, Due Process Is A Strategic Choice: Legitimacy and The Establishment of An Article Ⅲ National Security Court, 39 Cal. W. Int'l L. J. 87, 89, 90 (2008).

反恐的理念和思维，这里的法不仅是指法律制度，① 还包括刑事司法中以法治应对恐怖主义之程序法治理念，信仰反恐程序具有至上的权威与效力；二是要注意对反恐权力的程序性制约。反恐程序法治既要明确对反恐的授权，也要彰显其控权限权的价值，通过以司法权制约侦查权扩张的“程序分化”机制，防止反恐行为走向恣意化。

中观层面是反恐诉讼程序与人权保障的关系。惩治犯罪与保障人权是现代刑事诉讼的两大目的，两者不可偏废、有机统一。据此，在反恐领域中实现惩治恐怖主义犯罪和人权保障之平衡，成为反恐诉讼程序应追求的终极目标。但是，这里的人权应从两个层面进行理解，一个是作为个体的人权，另一个是群体的人权（也称“集体人权”)。在反恐领域中，前者与个体安全密切相关，后者往往反映为对公共安全、国家安全的追求。从相关调查报告来看，世界各国在反恐过程中侵犯基本人权的情况时有发生，主要表现为：国家对个体隐私和自由限制的强化、对涉恐犯罪嫌疑人诉讼权利的漠视、反恐诉讼程序向其他犯罪领域的渗透，等等。任何权利皆不是绝对的，特别是在复杂严峻的反恐形势下，程序正义一定程度的退让是为了保障公共安全、国家安全的不得已选择，具有法理依据，但这并不意味着反恐行为可不受限制地任意实施，否则会对生命、自由、隐私等人权造成极大的侵害。这正如学者所指出，人权反对建立在拥有绝对权力的个体之上的政府权力，是抵制政府万能论的武器。② 因此，我们必须厘清个体人权与集体人权间的关系，认识到支撑反恐诉讼程序合法性对国家利益的优先追求，并不是绝对和无条件的，必须要以实现个体人权最低限度的程度正义为基础。

---

① 就法律制度而言，我国《刑事诉讼法》第三条第二款规定：“人民法院、人民检察院和公安机关进行刑事诉讼，必须严格遵守本法和其他法律的有关规定”，这是严格遵守法律程序的原则；我国反恐法则反映了依法反恐的理念，其第六条规定：“反恐怖主义工作应当依法进行，尊重和保障人权，维护公民和组织的合法权益。”

② ［美］杜兹纳：《人权的终结》，郭春发译，江苏人民出版社 2002 年版，第 19 页。

微观层面是反恐诉讼程序中权利克减的限度。所谓“权利克减”，是指在一些社会紧急状态下，国家可以合理地不履行人权法上的某些义务。但是“合理”必须要有严格的条件限制，其最终目的不是限制人权，而是在紧急状态下最大限度地保障人权。作为联合国《国标人权宪章》重要组成部分的《公民权利与政治权利国际公约》作了规定，其第 4 条第 1、2 款分别规定了紧急状态下的权利克减，及生命权、不被加以酷刑、不被强迫役使等“不可克减的权利”(non - derogable rights)。实际上，以人格尊严为价值基础设定的不可克减权利，划定了程序正义的最后底线，即便是为惩治具有严重危害性的恐怖主义犯罪，亦不能成为克减这些公民基本权利之理由。这意味着反恐诉讼程序要体现两个限度，即必要性和相称性限度。前者要求反恐行为只能以消除紧急状态为限，最大限度地降低对人权的侵害程度，后者是指反恐目的与手段间要保持必要的对称性，以防国家权力过度扩张。如在采附属立法模式的德国，依其《刑事诉讼法》第 100 条 a 之规定，只有在实施严重犯罪行为或以其他方式难以查清案情的情形下，才允许监听和记录电信通信，且只能针对被指控人适用，该规定就充分体现了这两个限度。

四、我国恐怖主义犯罪诉讼程序之重构设想

在我国现行刑事诉讼体制下，恐怖主义犯罪诉讼程序的重构应坚持惩治犯罪和保障人权相结合之理念，将《刑事诉讼法》中分散的反恐程序规定加以系统化。具体而言，可考虑在适用刑事诉讼一般规则的基础上，在《刑事诉讼法》第五编“特别程序”中增加“恐怖主义犯罪特别程序”专章，把分散的反恐程序规定整合进来，并作进一步的细化完善。同时，因我国已加入多部国际反恐公约，公约中的相关原则精神也应在此得到转化的体现。

首先是案件管辖方面。在立案管辖上，由公安机关和国家安全机

关按权限范围负责恐怖主义犯罪案件的侦查。鉴于恐怖主义犯罪案件的复杂性，可适当提高立案管辖机关的级别。从新形势下警种部门合成作战打击的思路出发，应注意案侦力量的整合协调。实务界有人提出，可建立健全专门的侦办暴恐案件部门，实行归口管理，以实现一体侦查、一体打击恐。[①] 在审判管辖上，立法者已看到恐怖主义犯罪的重大、复杂性，《刑事诉讼法》也已将其纳入中级人民法院第一审管辖的范围。但是，由于恐怖主义犯罪的国际化趋势日益明显，为落实我国《刑法》所确立的普遍管辖原则，对我国缔结或参加国际条约中的恐怖主义犯罪，在条约义务承担范围内行使管辖权时，可以考虑提高审判级别，由被告人被抓获地高级人民法院进行第一审管辖。

其次是在侦查程序方面。由于恐怖主义犯罪具有隐蔽性强、侦破难度大等特征，恐怖主义犯罪侦查程序应在坚守程序正义底线的基础上，适当扩大侦查权和扩展侦查范围，设置更为灵活的侦查手段，特别是要进一步规范和细化技术侦查措施。2012 年《刑事诉讼法》虽已设置“技术侦查措施”一节，但即便是结合我国《国家安全法》《人民警察法》等相关法律规定，技术侦查措施在适用对象、方法及所获材料保管、审查判断、销毁等方面，也都还缺乏明确规定。在恐怖主义犯罪案件侦查程序方面，一些西方国家规定得更细致，譬如，有的国家把技术侦查措施区分为秘密监听、电子监控、邮件检查等，分别规定不同的适用对象、审批程序；有的赋予了侦查机关紧急状态下先行开展技术侦查、事后依程序追认的权力；还有的对技术侦查所获材料转化为合法证据使用设置了程序保障，等等。这些都有必要通过重构我国反恐诉讼程序进行细化完善。另外，对于恐怖主义犯罪的强制措施也应修改完善，如2012 年《刑事诉讼法》第75 条规定了对恐怖活动犯罪可指定居所监视居住，本为解决妨碍侦查的问题，但在

---

① 陈辐宽：《恐怖犯罪刑事诉讼程序的完善》，载《政治与法律》2014 年第 11 期，第 158 页。

司法实践中却缺乏可操作性。有学者认为，包括恐怖活动犯罪在内的所有刑事案件办理，没必要建立指定居所监视居住制度，直接适用逮捕更有利于权利保障和权力制约。[①] 此外，在对恐怖主义犯罪侦查羁押期限的适当延长、反恐搜查制度的规定等方面，[②] 都有必要作出清晰的特别规定。

再次是在审判程序方面。一是在审判主体上，出于司法成本和法制传统考虑，按《刑事诉讼法》由普通法院和专门法院按分工审理即可，无须像一些西方国家那样另设专门法院或军事法庭审理恐怖主义犯罪。同时，为保证庭审质量、避免涉恐信息泄露，合议庭应当由职业法官组成，人民陪审员不宜参与案件审理。二是在是否公开审理方面，《刑事诉讼法》规定以公开审理为原则，除非案件涉及国家秘密、个人隐私、系未成年人案件等。但是，恐怖主义犯罪是否涉及国家秘密有时不好把握，司法实践中已出现对部分被告人公开审理的做法。为此，从可操作性的角度考虑，可赋予法官在恐怖主义犯罪案件审理形式上一定的选择权，例如，通过召开庭前会议讨论案件是否公开审理、选择对哪部分被告人公开审理等。三是对于审判期限，可视案件的重大、复杂情况予以适当延长，但延长的条件和审批程序应从严规定，以满足及时裁判原则要求。四是关于证据运用相关问题。从各国反恐诉讼来看，恐怖主义犯罪案件适用的证据标准一般要低于其他案件，这一点与此类案件的特殊性是密切相关的。如反恐诉讼中书面证据有较高的使用率，为降低对直接言词原则的背离程度，可以借鉴一些国家采用的“侦查听证”模式，即在庭审前设置由法官和控

---

① 罗海敏：《反恐视野中的刑事强制措施研究》，中国人民公安大学出版社 2012 年版，第 116 页。

② 例如，根据德国《刑事诉讼法》第 111 条规定，只要警察怀疑存在恐怖性质犯罪（没有司法授权）可以在任何街道或公共场所设置检查站，且有权命令任何通过检查站的人停下并进行搜查。参见［德］魏根特：《德国刑事诉讼程序》，岳礼玲、温小洁译，中国政法大学出版社 2004 年版，第 112 页。

方共同参与的听证程序，排除辩方的质询，由控方出示反恐证据材料并证明其有效性，最后法庭作出是否具有证据能力的裁定。又如，在恐怖主义犯罪案件中证人出庭作证上，出于对证人的程序性保护，可免除其出庭作证之义务，同时扩大保护主体范围，加强对公安司法人员的保护等。

最后需要指出的是，我国恐怖主义犯罪诉讼程序之重构，应体现一种“一体化”(或称“结构化”）的理念。由于我国《刑事诉讼法》修改在前，反恐法颁行在后，两法的衔接协调问题就显得更为突出。[①] 当前，我国政府的反恐立场可以概括为综合反恐、法治反恐，[②] 应该说深刻反映了“一体化”的理念。申言之，在具体制度设置上要注意反恐法律间的衔接和协调，而公安司法机关在应对恐怖主义犯罪时，难免会涉及情报信息、案件管控和侦查、应急处置等多个方面的工作，会涉及与国际社会的反恐刑事司法协作等，这也需要将恐怖主义犯罪诉讼程序之构建，纳入整个反恐工作中进行统筹考虑，这样方能使恐怖主义犯罪诉讼程序的功能最大限度地发挥出来。

五、结语

法治反恐作为我国反恐工作的基本立场，无疑需要健全和完善的反恐法治体系作为支撑。当前，我国出台的反恐法律，以实体法为主，缺乏程序法的支撑，来保障执法者的正当权利，同时制约其滥用权力的行为。[③] 因此，我国恐怖主义犯罪诉讼程序有较大的需健全和完善的制度空间。法治反恐首先就要立足于法治理念，把恐怖主义理

---

① 对此，有学者指出，我国反恐专门立法存在行政调查与刑事侦查职能混同、行政认定与司法认定未能衔接、行政责任与刑事责任衔接不畅等问题。参见邢志人：《中国反恐怖主义专门立法问题研究》，载《北京师范大学学报（社科版）》2015 年第 6 期，第 187 – 188 页。

② 卢建平：《必须合理地组织全球反恐斗争》，摘自赵秉志主编《中国反恐立法专论》，中国人民公安大学出版社 2007 年版，第 474 页。

③ 杨隽、梅建明：《恐怖主义概论》，法律出版社 2013 年版，第 263 页。

解为法律意义上的犯罪。诚如国外学者所指出：“恐怖主义是一个在全球范围内存在的现象，恐怖事件发生频繁，且必定涉及犯罪。任何一个反恐的国家或国际机制必须以这一认识为基础。自由民主制已经构建了处理犯罪的完备的法律法规、体系和组织结构；最终，刑事审判制度应当成为他们反恐努力的核心部分。”① 正是在这种认识下，我国恐怖主义犯罪诉讼程序在法治化进程中，应科学地进行立法模式选择、价值平衡和制度重构，以应对日益严峻的反恐斗争形势。

① ［美］娜克丝：《反恐原理》，陈庆、郭刚毅译，金城出版社、社会科学文献出版社2016年版，第276页。

第九章 “套路贷”犯罪的特点及其法律规制

本章提要

随着我国民间借贷市场的日益活跃，作为一种新型违法犯罪的“套路贷”案件逐渐凸显出来。“套路贷”虽然很可能源自高利贷，却又与高利贷有着本质上的区别，这集中体现在犯罪行为目的、侵害客体、行为手段及法律后果等方面。“套路贷”犯罪的典型“套路”包括虚增债务、制造银行流水痕迹、单方肆意认定违约、转单平账、暴力或软暴力讨债、虚假诉讼等。在系统性理念的指引下，从甄别、惩治、防范等方面综合着力进行法律规制，有助于遏制“套路贷”犯罪的发展蔓延。

近年来，随着我国市场经济深入发展，民间借贷市场日趋活跃，成为民间的一种重要融资渠道。据相关部门估算，截至 2013 年，我国民间借贷规模已高达 5 万亿元，高息借贷资金规模超过 7500 亿元。在民间借贷市场发展背后，一些违法犯罪问题也逐渐浮现出来，被称作“贷款陷阱”的“套路贷”即是其中之典型者。2017 年，上海市高级人民法院通报数起“套路贷”犯罪案件，引发社会聚焦关注。[①]有记者以《起底“套路贷”：人为刀俎我为鱼肉》为题对这类案件进行调查报道，足见其严重的社会危害性。[②] 本章以互联网检索案例和调研收集材料为素材，从“套路贷”与高利贷之界别出发，分析其犯罪“套路”，侧重从公安机关角度的提出法律规制对策。

一、“套路贷”与高利贷的界别

对“套路贷”目前尚无统一界定，百度百科词条解释为：“‘套路贷’的‘借款’是被告人侵吞被害人房产、财产的借口”，央视法制栏目《今日说法》解释得更形象：“套路贷，是一种新型的犯罪方式，指不法分子用贷款的名义给你上套，最终导致你倾家荡产的做法。”从笔者掌握的资料看，“套路贷”犯罪来源于上海、广东、江浙等沿海经济发达地区，后传入河南、湖南、陕西、重庆等内地省市，其很可能是由高利贷发展演变而来，[③] 但又与高利贷有着本质区别，这种区别至少体现在以下四方面。

首先，在行为目的方面，高利贷之核心目的在于“高利”二字，即为了获取高额利息。当然在此目的下，有学者进一步指出，民间高利贷仍可以起到正面之功用，如提升资金使用率、满足市场对资金的需求、刺激与促进经济发展、分摊金融机构贷款风险等。[④]“套路贷”行为则是以“贷款”为名，行非法占有被害人财产之实。对此，有

---

① 2016年下半年以来，上海市检察机关已受理“套路贷”犯罪案件62件171人，起诉22件52人，法院已判决15件31人。参见林中明：《借款4万却莫名被套走150万——上海：集中公诉一批“套路贷”案件》，载《检察日报》2017年8月17日第1版。

② 智英：《起底“套路贷”：人为刀俎我为鱼肉》，载《检察风云》2018年第2期，第68－70页。

③ 有侦办过“套路贷”犯罪案件的民警告诉笔者，有犯罪嫌疑人在审讯中交代：“早先从事‘放水’（指高利贷）活动，后来看到‘套路贷’更挣钱，于是就改行做这个了。”

④ 邱兴隆：《民间高利贷的泛刑法分析》，载《现代法学》2012年第1期，第121－122页。

侦办“套路贷”犯罪案件民警的总结非常典型：“相当一些放贷者根本没有想过要借款人还钱，一开始盯上的便是借款人的房产、车辆等财产，每一步套路都为了让借款人将房产、车辆抵押。”更有记者直接以“‘套路贷’放贷者早就盯上借款人房产”为题对案件进行报道。[①] 从中不难看到，“套路贷”犯罪之真正目的（犯罪人主观上通过犯罪行为所预期达到的结果）并非获得高额利息，而是一种具有《刑法》意义由“排除意思”和“利用意思”构成的非法占有目的。[②]

其次，在侵害客体方面，在我国传统规范语境中，高利贷系一种超过规定标准的具有资金融通性质的民间借贷行为，因此，其主要表现为对金融管理秩序之破坏。而“套路贷”侵害的客体更多，社会危害性也更大，有调查显示：当前“套路贷”犯罪形势严峻，已经形成了一条黑色产业链，在危及金融安全的同时，也给人民群众生命财产安全带来威胁。在具体“套路贷”犯罪案件中，从诱骗、强迫被害人签订合同（可能构成诈骗、强迫交易等违法犯罪），到后期讨债衍生出的故意伤害、敲诈勒索、非法拘禁、抢劫、虚假诉讼等违法犯罪行为，以及游走于法律边缘灰色地带的滋扰、哄闹、纠缠、聚众造势等“软暴力”，[③] 不仅破坏

① 王闲乐、施坚轩：《“套路贷”放贷者早就盯上借款人房产》，载《解放日报》2017年8月16日第5版。

② 张明楷教授指出非法占有目的是指排除权利人，将他人的财物作为自己的财物支配，并遵从财物的用途进行利用、处分的意思。非法占有目的由“排除意思”与“利用意思”构成，前者重视法的侧面，后者重视经济侧面，两者机能不同。参见张明楷：《刑法学》（第4版），法律出版社2011年版，第847页。

③ 一直以来，“软暴力”缺乏法律层面的明确规定，导致了黑恶势力犯罪“软暴力”特征日渐明显的态势下，公安机关线索发现难、调查取证难等突出问题（参见罗君临、孔令学：《十堰：打黑除恶一线面临新挑战》，载《人民公安报》2013年6月17日第5版）。2018年1月16日，“两高两部”联合印发《关于办理黑恶势力犯罪案件若干问题的指导意见》（法发［2018］1号）首次在规范层面对“软暴力”作出规定：“暴力、威胁色彩虽不明显，但实际是以组织的势力、影响和犯罪能力为依托，以暴力、威胁的现实可能性为基础，足以使他人产生恐惧、恐慌进而形成心理强制或者足以影响、限制人身自由、危及人身财产安全或者影响正常生产、工作、生活的手段，属于《刑法》第二百九十四条第五款第（三）项中的‘其他手段’，包括但不限于所谓的‘谈判’‘协商’‘调解’以及滋扰、纠缠、哄闹、聚众造势等手段。”

金融管理秩序，还侵害了被害人的人身权、财产权，危害公共秩序，甚至亵渎司法权威，严重妨害公正司法。一些案件情况严重的，与黑恶势力相勾结，甚至引发被害人隐私暴露、自残、自杀等恶劣后果，由此带来一系列社会问题。

再次，在行为手段方面，两者虚增金额采用的名目不同，高利贷本金以外的金额，一般由借贷双方以利息名义作出约定。“套路贷”中的虚增数额常以“担保”或类似的名目出现，借款人在签订借款合同时，往往被嫌疑人告知“这是行业规矩，不会真让还这么多，只要按时还就没事”，这种口头“承诺”使借款人主观上相信不必偿还虚增的部分。另外，贷款方对借款人“违约”所持的态度也迥然不同。高利贷的贷款方希望借款人按约定还本付息，而“套路贷”犯罪为实现非法占有虚增款项之目的，嫌疑人通常以拒接电话、“玩失踪”等方式，故意使借款人无法在约定期限内还款而“被违约”。简言之，“借款方并没打算让借款人还钱，借钱不过是其侵吞房产的借口”。[①]“套路贷”犯罪之典型手段，集中体现在以非法侵占被害人及其近亲属财产为目的的各种“套路”中，本章第二部分将作详细分析。

最后，在法律后果方面，由于“套路贷”本质上属于一种违法犯罪活动，通过“套路”实施获取的借款本金和利息均不受法律保护。而高利贷则体现了借贷双方的意思自治，其借贷行为本身及一定幅度内的利息应受法律保护，这一点亦得到规范性文件之认可。如2002年中国人民银行发布《关于取缔地下钱庄及打击高利贷行为的通知》（银发［2002］30号），规定民间个人借贷利率可由双方协商确定，不得超过央行公布的金融机构同期、同档次贷款利率（不含浮动）的4倍；最高人民法院于2015年出台《关于审理民间借贷案

① 徐庭芳、邢佳慧等：《可怕的“套路贷”》，载《南方周末》2017年3月16日第6版。

件适用法律若干问题的规定》(法释［2015］18号)，第26条对借贷双方约定利率划定了24%、36%两条红线，其中超过36%的部分约定无效。又有，作为我国首部规范民间金融地方性法规的《温州市民间融资管理条例》规定，民间融资应当遵循依法守信、平等自愿、风险自负原则，民间借贷利率可由借贷双方协商确定，同时不得违反国家限制利率的有关规定。

二、“套路贷”犯罪之“套路”分析

“套路贷”犯罪之特点通过具体的“套路”呈现出来，其基本逻辑是：以民间借贷为幌子，诱骗被害人签订借款合同（虚高借款合同、“阴阳合同”等)，制造被害人违约，然后通过网签房产、暴力索债、虚假诉讼等方式，侵吞被害人巨额财产。当然，并非每一“套路贷”案件都包含同样的“套路”，对其定性仍要结合案件特征进行整体把握。对这些常见“套路”① 的分析如下。

其一，以快速放贷为诱饵营造民间借贷假象。出于借方急需周转资金或者无法通过正规渠道贷款的情况（被害人具有的“可利用”之特征),② 加之向银行等正规金融机构借款，需经过严格的审核过程，于是嫌疑人往往以“小额贷款公司”名义对外招揽客户，而这些小贷公司一般都未在工商部门依法注册，也没有从事金融行业的资质。非法小贷公司通过网上发帖、微信平台发布消息、散发广告、中

① 这些“套路”也得到国家规范性文件的支撑，“两高两部”《关于办理黑恶势力犯罪案件若干问题的指导意见》在“依法打击非法放贷讨债的犯罪活动”部分规定：“对于以非法占有为目的，假借民间借贷之名，通过‘虚增债务’‘签订虚假借款协议’‘制造资金走账流水’‘肆意认定违约’‘转单平账’‘虚假诉讼’等手段非法占有他人财产，或者使用暴力、威胁手段强立债权、强行索债的，应当根据案件具体事实，以诈骗、强迫交易、敲诈勒索、抢劫、虚假诉讼等罪名侦查、起诉、审判”。

② 犯罪学认为，被害人与犯罪人之间存在互动关系，具体形态包括“可利用的被害人模式”，在这种模式下，犯罪人觉得被害人具有某些可予“利用”的特征，或者被害人在毫无察觉的情况下实施了某些令犯罪人感到系属诱惑的行为，由此发生了“加害—被害”现象。参见许章润主编：《犯罪学》(第3版)，法律出版社2007年版，第151页。

介介绍等方式，以“无抵押贷款”“低息贷款”“快速放款”等降低放款门槛的字眼吸引借款人。然后，诱骗借方签订虚高的借款合同，虚高金额从一倍至数倍不等，此时嫌疑人常用的理由是“这是行规”“不会真让还这么多”“按期还就没事”等。同时，嫌疑人往往还会制造银行流水，即前往银行转账取款后让借方拿走现金，以留下资金流水痕迹。而借方实际到手的借款大都已被压缩，为扣除“保证金”“砍头息”“服务费”“中介费”等名目后的余额。2015 年发生在上海市松江区的两起“套路贷”案件显示，吴某因资金不足，欲借钱周转，找到自称隶属某借贷公司的放贷人张某，张某看了吴某的身份证、户口本和房屋买卖合同后，答应借其 8 万元，为期 1 个月，利息 3 万元；签借条时，张某让吴某写下借款 33 万元，声称这是借款行业“行规”，并非真要吴某还 33 万元；吴某信以为真，当场签了借条。而在另一起案件中，贷款公司往借款人刘某银行卡内汇款 70 万元，但实际上只给他了 22 万元，其中已扣除首月利息、中介费等多项费用。[①] 这种不体现双方真实意思表示的“阴阳合同”加上刻意制造的资金流水痕迹，实则营造了一种损害借方利益之民间借贷假象。

其二，制造“逾期陷阱”单方肆意认定违约。为了给下一步“平账”创造条件，贷款公司会故意迫使借方违约，而后要求借方偿还合同中的虚高借款。如在某地杨某诈骗案中，杨某系某投资管理公司实际管理人，2016 年 5 月被害人王某向该公司借款 40 万元，根据公司规定，需以房屋作抵押并签订 70 万元的借款合同，王某在收到 70 万元转账后交付现金 20 万元作为保证金，公司假意承诺只需按期归还实际借款 40 万元及利息；后王某多次联系还款事宜，均遭杨某等借口拖延，至还款期临近，杨某否认收过 20 万元保证金的事实，要求王某还款 70 万元。有人把这种单方面认定违约的行为生动描述

① 程欢彦：《警惕陷阱重重的“套路贷”诈骗》，载《人民法治》2017 年第 10 期，第 86 页。

为："套路贷根本不需要你还钱，也根本没想让还钱，就算你一直还着，他也能找到让你违约的办法，你永远跑不了！"嫌疑人单方制造和认定违约的手法也是多样的，包括违约条款设置极为苛刻，如"还款逾期"期限按小时甚至分钟计算，致使违约金翻倍激增；还款时以系统维护、电话故障等为名导致借款人无法按时还款；还款时借故到外地，致使借款人无法联系到等。

其三，通过"转单平账"恶意垒高借款金额。所谓"平账"，一般是由另一家小额贷款公司或者个人替借方偿还第一家公司的债务，借款人再与其签订更高金额的借款合同，如此数次重复这一步骤后（即层层转单平账），以进一步垒高借款金额。在整个"平账"过程中，可能还会重复出现前述制造银行流水痕迹的行为。互联网上报道的案例：2014年7月，沈某因创办公司需借款2000万元，经人介绍认识尹某后，与其签订第一笔270万元借款合同，合同为期3个月；8月，尹某出资指使助理高某冒充"放贷人"与沈某签订240万元借款合同，合同到期后沈某无力偿还；同年11月，尹某以"平账"为由，将两份合同连本带息进行"打包"，又与沈某签订了570万元的借款合同；之后，尹某指使其他人以"平账"等为名先后与沈某签订了数份借款合同；截至2016年9月，沈某的借款金额连本带息加保证金已累计达近亿元。[①] 从中不难看出，"平账"是嫌疑人利用借方被认定"违约"后无力清偿债务之困境，借机抬高膨胀借款金额的关键一步，而层层转单平账则促使债务形成"滚雪球"效应。

其四，软硬兼施恶意讨债或者提起虚假诉讼。这种恶意讨债被人喻为"文戏演完上武戏"，[②] 集中表现为暴力与软暴力之交替使用，

① 李佳蔚：《女子创业借款1400万陷"套路贷"，多次平账后本息近亿》，载澎湃新闻网，http：//www.thepaper.cn/newsDetail_forward_1769395，2017－08－21。

② 上海市人民检察院：《"套路贷"，你被套路了吗?》，载《方圆》2017年第16期，第71页。

以给被害人造成无止息的骚扰。从现实案例来看，小贷公司往往组织讨债公司、“地下执法队”等进行非法讨债，具体方式既包括殴打、非法拘禁等暴力手段，亦包括语言威胁、电话轰炸、堵钥匙孔、泼油漆、撬房门、尾随跟踪等软暴力方法。在一些发生在上海的“套路贷”案件中，犯罪团伙早在选择作案目标时即有考虑：一方面是上海的房产的确有利可图；另一方面是他们的生活圈子和人际关系都在上海，不大可能离开上海逃脱债务，更便于讨债。[①] 而浙江某地发生的“套路贷”案件，嫌疑人通过安装车辆 GPS（签订虚高借款合同时，承诺车辆安装 GPS 后即可开走）等手段掌控被害人的行为轨迹，进一步利用 GPS 信号，肆意认定借款人不遵守合同条款，强行将车辆扣留，后以赎车为名，向借款人索要高额违约金，并要求其支付剩余本金及利息。当然，由于“套路贷”作案手法的专业性，其披上了合法外衣，嫌疑人也可能向法院提起虚假诉讼，通过司法判决来实现“非法占有”之目的，此时借款合同、银行转账记录等反而成为支撑胜诉的有力“证据”。

最后需要指出的是，以上“套路”在具体的“套路贷”案件中不一定全部都存在，也完全可能以其他形式展现出来，不能将其等同地理解为“刚性”的犯罪构成要件。这也是当前公检法机关对是否构成“套路贷”犯罪认识不一致的一个焦点所在。依张明楷教授之观点，违法与责任是犯罪构成体系的支柱，行为人只能对自己有责的违法承担刑事责任。[②] 而某一项“套路”的缺失或变化，并不必然影响“套路贷”犯罪的违法与责任。譬如，有的案件中嫌疑人并没有制造银行流水痕迹或者进行多次转单平账；有的案件嫌疑人在讨债成功后未再实施虚假诉讼等。显然，这些都不能影响其违法性和有责性，对此有案侦民警归纳：“上海有上海的‘套路’，浙江有浙江的

---

① 程欢彦：《危险“套路”》，载《检察风云》2017 年第 19 期，第 73 页。

② 张明楷：《犯罪构成体系与构成要件要素》，北京大学出版社 2010 年版，第 95 页。

‘套路’，重庆有重庆的‘套路’，但都是‘套路贷’犯罪。”此语生动反映了具体套路并不影响犯罪之成立。

三、“套路贷”犯罪的法律规制

鉴于“套路贷”与高利贷的本质差异，其显然比高利贷更复杂，“套路”也更深。上海市在“套路贷”犯罪治理上走在了全国前列，2018年上海“两会”有人大代表提交了《关于严厉打击“套路贷”必须加快相关立法的议案》，提出在加大从严打击的基础上，建立“甄打防（甄别、打击、防范）”协作机制，强化“套路贷”犯罪之源头预防。[①] 对此笔者高度赞同，认为侧重于公安机关角度，可在系统性或说综合性理念指引下，具体从以下四方面进行法律规制。

第一，在“套路贷”犯罪甄别上，对公安机关而言，首先要跳出“只要一看到借条，就认为是经济纠纷，不属于公安管辖范围”之思维惯性，在接到借贷纠纷警情后，应详细询问情况，正确判明性质，加大核查力度。特别是对以下情形要引起高度重视，加以甄别：签订了虚高借款合同、阴阳合同、空白（长期）房屋租赁合同、空白（委托）房产买卖合同等明显不利于借款人的合同的；同一笔借款被要求签订过数份借款合同的，或者在借贷关系中存在“平账”情形的；存在贷方刻意制造银行走账流水，但并未实际取得走账金额情况的；讨债过程中存在故意毁坏财物、侵犯人身财产权利及扰乱公共秩序等情形，或者有与债务无关的人员参与讨债的。对借款人而言，应最大限度地弱化“可利用”特征，尽量通过正规金融机构满足资金需求。事实上，在“套路贷”案件中，嫌疑人正是利用多数被害人自控力较弱、消费不理性、金融知识缺乏等“可利用”特征，将犯罪对象从急于借款的人扩展至在校学生、未成年人，甚至是心智

① 季张颖、陈颖婷：《建议建立“甄打防”协作机制》，载《上海法治报》2018年1月29日第A04版。

不健全的人。[①] 如果采取民间借贷方式，则应合理评估自身还款能力，做到量力而行，对借款合同中的虚高金额、高额罚息、“利滚利”、房产抵押全权委托等明显不利于借款人的条款，务必保持高度警惕。同时，在借贷过程中要注意收集借款相关材料、信息，一旦遭遇暴力或软暴力讨债及时报警求助。

第二，在惩治“套路贷”犯罪方面，可考虑建立“套路贷”犯罪案件专办机制，强化警检机关联动，根据犯罪“套路”区分罪名，完善检察机关提前介入引导公安机关侦查取证，确保精准打击“套路贷”犯罪。同时，加强与法院的沟通协作、信息共享和案件串并，挖掘民事虚假诉讼线索，克服“如果不由公安展开刑事调查，法官很难主动查出这些案件背后的蹊跷”[②] 之盲区。在前期甄别的基础上，一旦发现涉嫌“套路贷”犯罪应立即立案侦查，以证明非法占有目的下的具体“套路”为中心开展取证，要特别注意前期侦查、嫌疑人审讯、被害人询问、搜查等重点环节取证行为之有效性。在前期侦查中，对涉案“套路贷”公司开展调查，如通过调取工商资料、实地或秘密走访，查明该公司法定代表人、实际经营人、工作人员及公司实际经营情况等；对嫌疑人身份进行细致摸排，查明包括幕后出资者、中介人、签订借款合同人员、银行走账人员、讨债人员等主要团伙人员身份信息，及其通信方式、落脚点、活动轨迹等；利用信息化手段对接报警情进行关联串并；梳理涉案账户开户信息、资金流水等情况，查明资金来源，同时查找潜在的嫌疑人和被害人。[③] 在审讯过程中，审清“套路贷”犯罪团伙的层级组织、人员分工；在明确

① 施坚轩：《本市检察机关集中公诉一批“套路贷”犯罪案件：“套路贷”套你没商量》，载《上海人大月刊》2017 年第 9 期，第 41 页。

② Debbie：《套路贷横空出世，你被套路了吗?》，载金融之家网，https：//www. jrzj. com/182500. html，2017 -03 -20。

③ 笔者调研了解到，不少被害人因并不知晓“套路贷”这种新型犯罪而一直“蒙在鼓里”，还有被害人因前期确实拖欠放贷人债务，而不愿就“套路贷”犯罪向公安机关报案或者配合调查案件。

团伙作案手法的基础上，理清团伙内各成员涉案情节，以综合体现团伙之犯罪故意；摸清团伙放贷资金来源，以深挖上游犯罪。在询问被害人时，注意询问借款、讨债、平账环节详细内容，如对讨债环节询问贷方以何种理由认定借款人违约，通过何种方式讨债，有无通过语言、形体、动作进行威胁或造成借款人心理恐慌等。在搜查时，加强对涉案公司和嫌疑人办公区域、住所及车辆搜查，[①] 搜查重点包括借条借据、借款合同账册等书证及用于暴力讨债的管制刀具、棍棒等物证，而借条借据等书证也有助于发现潜在被害人。

第三，在惩治“套路贷”犯罪上，还有三个法律认定问题有必要提出。一是对“套路贷”案件之定性，要坚持整体性把握原则，其主观目的是非法占有被害人或其近亲属的合法财产，一般情况下应以侵财类犯罪处罚。具体可能包括两种情形：嫌疑人未采用明显的暴力、威胁手段，其行为特征整体上属于以非法占有为目的，虚构事实或隐瞒真相骗取财产的，可以诈骗罪定罪处罚；嫌疑人实施“套路贷”犯罪过程中，既采用了诈骗手段，其中又伴随有暴力、威胁、虚假诉讼等行为，同时构成诈骗、抢劫、敲诈勒索、强迫交易、非法拘禁、虚假诉讼等罪名的，依照《刑法》规定数罪并罚或者从一重处断。针对“套路贷”“校园贷”“裸贷”等案件频现，2018 年已有人大代表向全国“两会”提交增设“非法放贷罪”的议案，以治理民间借贷所衍生的暴力讨债、侵犯个人隐私等乱象，有效打击逃避金融监管的放贷行为。[②] 今后如修正《刑法》能吸纳这项建议，无疑将有助于治理“套路贷”犯罪。二是在共同犯罪认定方面，上海已有

---

① 调研发现大多数“套路贷”案件中，犯罪嫌疑人都在办公室、住所等地点留存了详细的借贷资料，这主要是为犯罪团伙记账、分赃等提供方便。

② 李卓谦、汤瑜：《厉莉：把基层的问题和声音准确地传递出去》，载《民主与法制时报》2018 年 3 月 11 日第 4 版。

律师帮助“套路贷”嫌疑人提起虚假诉讼获刑之判例,[①] 对此，笔者赞同上海市公检法机关于2017年联合出台的《关于本市办理“套路贷”刑事案件的工作意见》（沪公通［2017］71号）之规定，在坚持《刑法》共同（集团）犯罪规定基础上，一般把“明知他人实施‘套路贷’犯罪”的以下情形认定为共犯：协助制造银行走账记录、办理司法公证、提起虚假民事诉讼的；在资金、场所、交通、转移犯罪所得及产生收益等方面提供帮助的；非法获取、提供、出售公民个人信息的。三是对“套路贷”犯罪数额之认定，应立足于从整体上作出否定评价，将其与民间借贷（包括高利贷）相区别，嫌疑人在借贷活动中以“违约金”“保证金”“服务费”“中介费”等名目收取的费用，均计入犯罪数额；除借款人实际取得的本金外，双方约定的利息不受法律保护，亦应计入犯罪数额。

第四，在“套路贷”犯罪的防范上，首先应立足民间借贷规范管理目的，充分发挥公安派出所一线阵地作用，以小贷公司活动为重点，深入行业、企业、村居就民间借贷开展针对性摸排，做好基础信息登记与造册，全面梳理排查民间高利贷人员，对其中的重点人员（如有前科、涉黑涉恶的高利贷发放者）进行动态管控。如有公安机关已以公安部《租赁房屋治安管理规定》相关规定为据,[②] 与辖区内小贷公司逐一签订责任状，以此加强管控。针对小贷公司一般租房实施非法活动之特点，应特别注意加强与商业大厦物业、保安的联系，掌握小贷公司实际经营情况、警情情况，列出重点对象，通过物业、业主等向小贷公司施压，以减少其违法犯罪行为。同时，公安、金

① 刘海：《一律师成“套路贷”帮凶获刑3年》，载《上海法治报》2017年8月29日第A02版。

② 根据公安部《租赁房屋治安管理规定》第3条、第6条、第7条和第8条规定，房屋出租人和承租人均对公安机关负有治安责任，房屋出租人发现承租人有违法犯罪活动或者有违法犯罪嫌疑的，应当及时报告公安机关；公安机关应当充分履行登记、安全检查等职责，及时发现案件线索，预防打击经济犯罪。

融、工商等部门应强化沟通协调，及时掌握非法民间借贷活动苗头信息，尽力做到违法犯罪提前预防、预警，以最大限度地减少群众损失。其次，通过健全完善法律制度，如可借鉴温州等地的立法经验，尽快出台全国性法律法规，就借贷资金投向、借贷期限、利率水平、借款形式、担保形式及借款偿还等方面作出规范，以引导民间借贷市场良性发展，促进“套路贷”犯罪之法律预防。最后，要加强法制宣传教育，提升群众防范“套路贷”风险意识，具体可以利用互联网、手机、报纸等媒体进行宣传教育，通过开展专题宣传月活动、发放宣传册及在显眼位置张贴、播放警示语等，使群众了解“套路贷”犯罪之危害与后果，从源头上预防和减少“套路贷”案件的发生。

四、结语

民间借贷的繁荣发展，一方面为企业和个人融资提供了便利，促进了民间资本加速流动，另一方面也引发了“套路贷”等新型犯罪。从互联网相关报道如“借 4 万还 150 万？小心‘套路贷’让你倾家荡产”“借款几万元赔掉一套房　小心踏入‘套路贷’骗局”“借 5 万‘滚’成 572 万套路贷的陷阱究竟有多深？”等标题，即可看到“套路贷”犯罪的严重社会危害性。面对这种新型犯罪，在当前司法实践中，公检法机关认识还存在一些不一致之处，如“套路贷”案件的定性、软暴力的认定等。外国学者艾格·比特纳指出，警察之作用在于找寻“解决未知问题的未知方法”。[①] 公安机关唯有与其他部门合力，深化对“套路贷”新型犯罪特点规律之认识，把甄、惩、防有机结合推进系统化法律治理，方能助力民间借贷在法治轨道上运行。

---

① Egon Bittner, The Police on Skid Row, American Sociological Review, 1967, 32 (5), p. 702.

第十章　新形势下法治公安建设的几点思考

本章提要

在全面依法治国和全面深化公安改革的时代背景下，法治公安建设已成为一种历史必然，具有十分重要的意义。但是，新形势下的法治公安建设却面临着一些突出问题，亟待解决。坚持以问题为导向，在把握法治公安构成要件的基础上，通过在培育执法主体、加强执法规范化建设、健全监督考评体系、强化法治宣传等方面综合着力，有助于深入推进法治公安建设。

法治乃衡量一国政治文明之重要标志，诚如孙中山先生所言，"立国于大地，不可无法也"。党的十八大以来，中央高度重视法治建设，党的十八届四中全会更是站在战略全局的高度提出，全面推进依法治国的总目标是建设中国特色社会主义法治体系，建设社会主义法治国家。公安机关作为武装性质的国家治安行政和刑事司法力量，在法治建设进程中肩负着重大使命，可以说公安工作的本质内涵即是法治。这要求公安机关全面贯彻落实法治理念，深入推进法治公安建设，全力保障全面依法治国之实现。

一、新形势下法治公安建设的重要意义

党的十八届四中全会明确提出，全面建成小康社会，全面深化改革，提高党的执政能力和执政水平，必须全面推进依法治国。公安机关作为政府的重要职能部门，应自觉适应法治建设的新形势新要求。特别是当前全面深化改革进入了攻坚期，更需坚定法治信仰，以法治公安建设助推公安工作和队伍建设迈上新台阶，护航经济社会发展。

首先，法治公安建设是全面依法治国之必然选择。依法治国是党领导人民治理国家的基本方略，内容涉及诸多方面。党的十八届三中全会明确将推进法治中国建设，作为全面深化改革的重要任务之一，十八届四中全会更是强调全面依法治国，要坚持依法治国、依法执政、依法行政共同推进，坚持法治国家、法治政府、法治社会一体化建设。公安机关处在社会治理的前沿，直接掌握与公民人身、财产及其他权利密切关联的执法权，这种权力一旦滥用便会危害无穷、影响甚广。从这个意义上讲，法治公安建设水平在很大程度上反映了一国的法治水平和文明程度。公安机关唯有准确把握依法治国的总要求，在加强自身法治建设基础上，不断提升依法履职能力和执法水平，进一步深化执法规范化建设，方能担当全面依法治国之历史重任。

其次，法治公安建设是促进社会公平正义之迫切需要。公平正义乃法之重要价值，也是公安工作的生命线。党的十八大和十八届三中、四中全会皆提及“社会公平正义”问题，公安机关当前面临的不少警务难题，从本质上讲都属于“法治问题”。公安机关作为执法机关，民警的基本行为是执法行为，因此要促进社会公平正义，就必须加强执法规范化建设，把公安工作纳入法治化、规范化、制度化轨道中。这既是打造法治公安的基本要求和实现形式，亦是人民群众对公安执法的基本期待。加强执法规范化建设，正是以实现“严格公正规范、理性平和文明”执法为目标，使民警在信仰法治、敬畏法

治、厉行法治的过程中守公平正义的底线，让人民群众从公安执法活动中真切感受到公平正义。

再次，法治公安建设是全面深化公安改革之必然要求。[①] 全面深化公安改革是全面依法治国和公安工作科学发展的不竭动力。2015年，中央审议通过全面深化公安改革框架意见及配套方案，公安部提出“四项建设”，皆明确将执法规范化摆在了突出重要位置，一些地方公安机关也主动将“法治建设满意度”作为绩效考评的一项核心指标。姜明安教授曾精辟指出，改革与法治间的关系表现为：法治是改革的目标、制约和保障。[②] 据此，法治公安建设无疑也是公安改革的目标、制约和保障，法治在警务现代化进程中的地位越来越重要。法治公安建设就是要确保警务规划、公安决策和执法活动都于法有据、循法而行，使公安改革沿着正确的法治航向前行。

最后，法治公安建设是维护社会稳定之重要保障。社会稳定不仅关系到人民群众的安居乐业，也关系到国家和社会的安定与发展，从这个意义上讲，社会稳定乃社会发展之基石。目前，我国正处在经济社会转型发展时期，这一时期的典型表征是利益诉求复杂多元、各种矛盾交织叠加、社会治理难度增大，加之网络信息化使政府时刻处于“舆论的放大镜”下，势必会对“法治政府”建设提出更高的要求。这就需要把公安工作摆在法治建设角度统筹考虑，以提升公安机关社会治理的能力水平，使其自觉运用法治思维和法治方式化解社会矛盾，在法治轨道上维护社会治安秩序和保障社会稳定。

---

① 近年来，国内学者对改革和法治之关系作了深入探讨，提出法治改革观、改革与法治良性互动关系论等观点，对于理解公安改革与法治公安建设间的关系颇有启发。参见陈金钊：《“法治改革观”及其意义——十八大以来法治思维的重大变化》，载《法学评论》2014年第6期，第1－11页；石佑启：《深化改革与推进法治良性互动关系论》，载《学术研究》2015年第1期，第47－53页。

② 姜明安：《改革、法治与国家治理现代化》，载《中共中央党校学报》2014年第4期，第54页。

二、新形势下法治公安建设面临的主要问题

当前，我国社会转型引发的各类矛盾凸显，调处化解较为困难，违法犯罪在高位运行，安全稳定形势复杂严峻，这些因素影响到法治公安建设之推进。新形势下的“法治公安”有其内在特征：一是人民性，把维护人民群众的合法权益作为公安执法之出发点和落脚点，使法治公安能被群众看得见、感受得到；二是特殊性，公安机关“打防控管服”职能，决定了法治公安建设须协同推进；三是实效性，即坚持问题导向，以法治精神破解警务机制的瓶颈性问题；四是长期性，要求用改革创新理念、务实举措持续推进法治公安建设。关照这些特征，法治公安建设至少面临以下主要问题。

第一，制度规范和法治文化缺失之影响。从制度规范来看，法治的实现首先必须有法可依。但是，当前法律规范缺失已成为普遍问题，突出表现在一些新兴领域无法可依或法律法规不尽完善。例如，与公安执法密切相关的网络安全、食品药品安全、虚拟交易等领域便十分典型；又如，针对网吧管理，公安、文化、工商等部门皆有管理权限，易致多头执法、重复管理现象。此外，相关执法程序也存在不足，如公安机关常用的《治安管理处罚法》与《行政处罚法》《行政复议法》《行政诉讼法》等法律存在衔接配套问题，给公安执法带来了一定困惑。[①] 从法治文化看，我国没有法治文化传统。一方面，从传统文化中无法萌发民主法治精神，其诸多方面与民主法治存在矛盾冲突，甚至成为反民主法治的力量；另一方面，当代中国的法律观长期沉湎于功利主义，具有浓厚的实用主义色彩，这又使法治文化缺少

---

① 例如，我国《行政处罚法》第 33 条、《道路交通安全法》第 107 条和《治安管理处罚法》第 100 条，就在适用简易程序的行政处罚标准上存在不一致，涉及法律冲突下的法律竞合问题。

必要的理性精神。伯尔曼云:“法律必须被信仰，否则它将形同虚设。”[①] 这些无不对法律信仰产生了消极影响，导致权力本位观念根深蒂固，进而使法律权威难以真正树立。

第二，执法环境变化之影响。执法环境是公安执法的基础条件。近年来，随着改革开放不断深入，各种社会矛盾日益凸显，违法犯罪活动特别是恶性暴力犯罪案件逐年增多。这些致使公安机关维护社会治安稳定的压力变大，从某种意义上讲，公安执法的外部环境正在逐渐恶化，而外部环境持续偏紧，反过来压制了法治公安建设的积极性。一是暴力袭警抗法事件增多。一些违法犯罪嫌疑人遇到民警毫不畏惧，在面对民警执法时拉帮结派，有的甚至持械抗法、暴力殴打民警，有的地区还出现了预谋袭警现象，民警的生命权已面临严重威胁。如近年来，新疆就发生过数起暴力袭警案件，多名民警在打击暴恐团伙时殉职。二是各种形式的扰警事件增多。从笔者在某区公安分局的调研情况看，有 53.8% 的民警在执法过程中受过辱骂、威胁，8.5% 的民警受过诬告陷害，有近 92% 的民警受到过各种骚扰。[②] 至于报假警、骚扰警、无效警等问题更是十分突出，据媒体报道，有人在 4 个月内恶意拨打 110 扰警 420 余次。三是行政干预和非警务活动增多。笔者调研发现，不少公安机关都遇到过地方党政领导“指挥”工作的情形，其中大都强制指令公安机关参与征地拆迁、会议安保等活动，导致本已不足的警力难以投入破案打击、基层基础等公安主业中。

第三，警察能力素质之影响。先贤孟子曰：“徒善不足以为政，徒法不能以自行”，制定得再好的法律也要靠人来实施。但是，当前

---

① ［美］伯尔曼:《法律与宗教》，梁治平译，中国政法大学出版社 2003 年版，第 4 页。

② 这也印证了学者的一个判断，“警务工作向来是一项永远无法完全控制的工作，因为警察机关的需要是被动的，永远无法完全预测”。参见［英］艾斯沃斯:《警察工作中的心理学》，安福元、庄东哲译，中国轻工业出版社 2007 年版，第 119 – 120 页。

公安队伍建设与法治建设的有机融合还不够，一些民警执法办案还缺乏基本的规范性，这直接影响到公安执法公信力，有的甚至导致了警民冲突。一方面，公安工作以法治为核心的价值观和行为方式没有真正建立，执法质量也还未达到理想标准，粗放执法、办案不公等现象依然存在，法治语境下人民群众的知情权、参与权、监督权等未能得到充分保障。笔者调研发现，诸如民警不依法使用办案场所、不依法使用警械武器、现场处置不规范等问题还不同程度地存在。另一方面，民警的业务素质、责任心和敬业精神偏低。受社会环境负面影响，一些民警把警察职业看作是谋生的工具，跟不上公安工作发展变化，工作能逃则逃，责任能推就推，与法治公安建设的新要求还存在一定差距。

第四，监督考核之影响。在监督方面，公安机关内部监督部门职责不清、关系不顺，未能有效形成合力，难以确保监督贯穿执法活动的全过程。如一些领导认为监督过多会影响民警工作的积极性，一些监督人员认为监督揭短有损公安机关形象。正是由于内部监督合力不够，致使监督制度执行大打折扣，执法问题整改、执法过错责任追究无法落实。此外，公安机关虽通过聘请特邀监督员等形式，拓展外部监督渠道，但与透明公正的执法要求还存在差距。在考核方面，虽然公安机关都制定了指标，以引导公安日常或专项工作，但笔者在调研中发现，当下系统内部的考核指标不是太少而是过多，不是太粗而是过细，使公安机关不得不耗费大量时间、精力应付考核、评比、排名。以受案立案为例，由于实行办案部门立案审查制，受破案率等评价指标影响，有的公安机关对群众报案“不破不立”；有的沉迷“数字游戏”，对侵财数额较少的案件不立案或破案后予以补立。[1] 显然，这些问题的出现与不尽科学的考核指标体系具有密切联系。

---

① 本书编写组：《全面深化公安改革学习辅导百问》，中国人民公安大学出版社 2015 年版，第 135 页。

三、新形势下法治公安建设之具体路径

法家代表人物韩非把“奉法”视作治乱兴衰之关键，进而提出“奉法者强则国强”，我国有学者主张“警察法治”，认为它是指警察权力的法治化状态。[①] 这些论断对当前法治公安建设不无启发意义。要推进法治公安建设，必须深刻领会党的十八届三中、四中、五中全会和习近平总书记系列重要讲话精神，通过公安改革实践确立“法治”在警务现代化建设中的核心地位，使民警自觉将法治理念内植于心、外践于行，形成以法治思维指导公安工作的新常态，回应人民群众的新期待、新要求。为此，可以从以下几个方面着力。

（一）正确认识法治公安之构成要件和厘清三对关系

党的十八届四中全会决定指出，要自觉提高运用法治思维和法治方式深化改革、推动发展、化解矛盾、维护稳定的能力。笔者认为对于法治公安建设，这种能力集中体现在法治思维、方式、机制、队伍等方面的培育和优化。申言之，法治思维是一个相对抽象的范畴，要求民警树立权利、公平、规则等意识，并自觉运用到公安工作中，这是法治公安建设的内在精神动力。法治方式主要针对执法实践而言，常说的“办事依法”“遇事找法”即属法治方式，而选择性、运动式执法则属非法治方式，这是法治思维之具体表现。法治机制是为了确保法治思维和方式的协调运转，是法治公安建设之重要保障。法治队伍则是从执法者的角度来说的，强调民警忠于法律的基本素质。以上四个方面缺一不可，共同成为法治公安之构成要件，也是法治公安建设的认识基础。

鉴于法治公安建设是一个动态的过程，有必要在正确认识的基础上厘清三对关系。一是立足当前与着眼长远之关系。法治公安建设是

---

① 赵炜、张光主编：《警察政治学》，中国人民公安大学出版社 2014 年版，第 79 页。

一项长期性工作，公安机关须认识到建设的艰巨性、复杂性。特别是当前改革已进入深水区，一些深层次的体制机制问题逐渐显露，困扰法治公安建设的问题需要区别对待。能立即解决的及时解决；立即解决有困难的，落实责任限期解决；对带有普遍性的问题，则要制订计划逐步解决。二是严格执法与热情服务之关系。总的原则是寓管理于服务之中，在执法中突出服务，在服务中依法管理。同时，坚持理性、平和、文明、规范执法，以科学的工作方法获得群众对公安执法的支持、理解与认同。三是服务发展与依法履职之关系。服务发展是法治公安建设的第一要务，公安机关应把公安工作放到党委、政府中心工作的大局来谋划，通过依法履行维稳反恐、破案打击、治安管理等职责任务，为经济发展创造良好的法治环境。

（二）以执法规范化建设为法治公安建设奠定坚实基础

公平正义是社会主义法治建设之灵魂。学者哈耶克曾指出，法治是区分自由与专制的重要标志，它意味着“政府在一切行动中都受到事前规定并宣布的规则的约束”。① 为此，全面加强执法规范化建设自当成为法治公安建设的应有之义，以彰显法律的公平正义价值。特别是在信息化条件下，应围绕业务流、管理流、信息流“三流融合”，实现执法办案全流程可视化，不断健全完善执法流程体系，为法治公安建设奠定扎实基础。

随着20世纪90年代以来国家对“依法治国”的日益强调，在公安部主导下公安机关早已在开展执法规范化建设，形成了许多有益的经验做法。新形势下的执法规范化建设应在做好总结传承的基础上，从以下几个方面着力推进。一是推进网上执法办案。公安机关应依托警务信息平台，全力推进网上办案，逐步形成集网上录入、管理、监督和考核于一体的“全程上网”执法办案新机制，提高执法

① ［英］哈耶克：《通往奴役之路》，王明毅、冯兴元等译，中国社会科学出版社1997年版，第73页。

办案效率和监督效能。二是加强办案场所建设。通过配齐同步录音录像、分析研判指挥系统等信息化硬件设备，落实办案区使用管理制度，切实做到办案区使用的“四个一律”，预防超时办案、刑讯逼供、非正常死亡等执法问题发生，保证执法安全。三是配齐法制工作力量。笔者调研发现，某区公安法制警力仅占总警力的1.3%，比例低于公安部2%之基本要求，因此公安机关应选调精英人才充实法制部门。积极落实向基层所队配置法制员，并明确职责权限范围，充分发挥其“从源头促进规范执法”[①] 的作用，确保法制工作向基层一线延伸。四是完善执法程序。加强对接处警、拖案积案、现场取证、另案处理等重点环节的监管，通过制定科学的执法操作制度，统一执法处罚裁量标准，规范执法流程，防止“同事不同罚、同案不同处”等现象发生。同时，通过积极开展执法不作为专项治理，解决有警不接、接警不处、立案不实、有案不查等突出问题。此外，还要加强涉案财物规范管理，推进涉案财物管理场所规范化建设，建立健全配套管理制度，真正实现涉案财物台账清楚、管理规范、处置合法。

（三）以执法主体培育为法治公安建设提供有力支撑

公安机关之基本活动乃执法活动，执法主体是其中的决定性因素。因此，建设法治公安必须推进队伍正规化建设，具体可从科学决策、执法理念、专业培训、纪律作风四个方面着手，加大执法主体培训力度。一是推进科学决策。公权力的决策过程因其顶层设计属性，往往最能彰显法治色彩。在作出警务改革决策、出台执法制度规范或领导干部选任中，充分考虑内外民意、体现民主科学，强化自我纠错改进。二是转变执法理念。将社会主义法治理念和人民警察核心价值观教育贯穿执法主体建设始终，在具体形式上，通过办讲座、专题讨论等，教育引导民警信仰法治、坚守法治。三是做实专业培训。健全

① 张彬：《以新思维新方式建设“法治公安”》，载《人民公安报》2014年3月9日第1版。

全警学法用法制度，通过执法实战培训、出庭应诉培训、网上在线学习等，促使民警筑牢人权意识、证据意识和程序意识，养成自觉守法、严格依法办事的习惯。四是整肃纪律作风。建立用好“权力清单”“责任清单”制度，营造权责关联、失职问责、违法追究的氛围，真正解决作风不实、责任心不强、执法不规范等突出问题，打造一支信念坚定、执法为民、敢于担当、清正廉洁的警队。

需要指出的是，公安队伍正规化的一个必要前提是警察之专业化，行政对公安工作的干预及非警务活动增多恰与之背道而驰，无益于执法主体的培育。对此，美国的警察专业化思想不无借鉴意义，其基本理念为“不参与理论”，强调警察只对法律负责，警察更多的是一支社会的执法力量，不必要承担过多政治上的需求和服务上的要求。[①] 反观我国，在传统“条块结合，以块为主”的公安管理体制下，公安工作势必易受“块”之影响。笔者认为，如果在顶层设计层面改革创新这一体制，适当弱化公安机关在经济、人事等方面对地方政府之依赖，同时强化公安的“条管”力度，将更有利于警察专业化建设，从而为法治公安建设提供一个相对独立的空间，也可将有限的警力集中到公安主业上来。

（四）以健全监督考核体系为法治公安建设搭建发展平台

公安工作的性质决定了其社会关注度高，易被推至社会舆论的风口浪尖。为保证执法实现“案结事了”之社会效果，有必要加强执法监督考评体系建设。法谚云，“权力导致腐败，绝对权力导致绝对腐败”，法治公安建设必须要有健全完善的监督体系。笔者认为，监督体系建设的总体思路可考虑为，把个案审核、过程控制和群众评价有机结合起来，实现全流程、全过程、全方位“无缝化”监管。一是大力推行执法公开。及时将执法行为之依据、程序、进度、结果等向社会

---

① 王大伟：《第五次警务革命：十论世界警务大趋势》，中国人民公安大学出版社 2012 年版，第 78 页。

公布，实现权力公开透明运行，保障群众的知情权、参与权、申辩权。二是进一步强化内部监督。公安机关应理顺内设执法监督部门的工作关系，法制、督察等部门要充分发挥作用，加大检查指导、督察调查、案件回访及责任倒查力度，以强化对执法过程的整体管控。三是自觉接受外部监督。公安机关可以从社会聘任监督员，通过座谈会、上门走访等形式广纳意见，同时，外部监督也有助于构建和谐警民关系，使群众理解认可公安工作，最大限度地追求民意指向和社会效益。

科学的考核指标体系对法治公安建设具有正面导向作用，反之则会产生负面影响。当前，一些考核已演化为纯数据的考核，更多的是以立案率、破案率、逮捕率、警情数等数据来体现。[①] 这就导致考核流于形式，下级公安机关疲于应付上级检查，无法聚神聚力到主业上来。为此，应通过健全考核评价体系，促使公安机关变无谓的应付为高质量的执法办案，以最大限度地释放警力，具体可从以下几方面努力。一是完善执法质量考评机制，改革刑拘转捕率、案件退查率等考核指标，构建科学合理的办案工作量及权重评价考核机制，树立正确的执法导向。例如，某市公安机关要求民警在刑事执法中树立“抓得住、捕得了、诉得出、能判刑”之理念，并设置“诉破比”考评指标，即是一种有益的探索。二是落实执法实战部门“月查季评”机制，特别是加大对强制措施变更、涉黄涉赌、涉法涉诉信访等案件评查力度，以此倒逼办案质量提升。三是建立互动评价机制，坚持以民意为主导，把 110 报警台电话回访、执法回告测评等纳入考核指标，不断提升执法的满意度和公信力。

（五）以法治宣传为法治公安建设营造良好氛围

法治公安建设是一项多维、复杂的社会工程，其主体虽然是公安机关，却也离不开党政部门的领导，更需要社会各界参与和人民群众

---

① 张伟珂、李春华：《法治公安视域下公安执法规范化实证研究》，载《中国人民公安大学学报（社科版）》2015 年第 4 期，第 115 页。

的支持。这在现代警察创始人罗伯特·比尔提出的“建警十二条原则”中亦得到体现，其中就包含了警察应以形象赢得尊重和警察首脑机关必须接近公众。因此，公安机关只有加强法治宣传、展示良好形象，才能为法治公安建设营造浓厚氛围。法治宣传可以通过对内和对外两个方面共同推进之。在公安机关内部，要强化民警法治思维和法治方式养成，为加强法治公安建设组织领导，可考虑结合实际成立法治宣传工作组，由党委领导任组长，将法制、警令、政工、纪检、督察等力量统合起来，制订内部法治宣传工作计划，统筹推进全局性法治建设。在对外宣传教育方面，要充分利用互联网、电视、报社、广播等主流媒体，及时宣传播报警务信息。例如，公安机关可联合电视台、报社、杂志社等，开辟常态化的法治栏目、制作法治宣传专题片等，广泛宣传报道相关情况。其目的在于，一方面逐步增强民警对法治的认同和信仰，另一方面争取广大群众对法治公安建设之信任、理解与支持，以此营造良好的法治氛围，推动法治公安建设迈上新台阶。

四、结语

法治是现代文明社会之重要标志，一个国家要实现政治清明、社会和谐、人民幸福，必须依靠法治。英国法谚云“警察之手即法律”,[①] 此言相当程度地反映了警察与法律间的密切关联。从某种意义上讲，法治公安建设就是全面依法治国的有机组成部分。当前，我国已进入全面建成小康社会决胜阶段，改革也进入了攻坚期和深水区，国家面临的改革发展任务之重前所未有，矛盾风险之多前所未有。在法治公安建设进程中，公安机关唯有深刻理解法治之科学内涵，将法治精神、法治理念自觉贯穿于公安工作的方方面面，不断提升执法公信力，方能牢牢把握公安工作的主动权。

---

① ［日］松井茂：《警察学纲要》，吴石译，中国政法大学出版社2005年版，第169页。

第十一章　自媒体时代镜头下公安现场执法的问题及其应对

本章提要

自媒体时代的到来，对公安现场执法产生了深刻影响，其影响具有两面性，一面是对执法监督的力度空前加大，另一面是给现场执法带来了压力与风险。正是受此影响，自媒体时代镜头下公安现场执法暴露出一些突出问题，如粗暴执法引发负面舆情、执法缺乏必要人性关怀、“消极”执法缺乏应对手段、违规使用警械武器、缺乏警方镜头造成不利后果等。坚持以问题为导向，从四个方面综合着力，有助于公安机关及民警开展现场执法，以实现镜头下的法治。这四个方面分别是：努力做到理性平和文明规范执法、构建公安现场执法标准并强化执法质量考评、提高公安机关及民警舆情应对能力、把依法惩治网络违法犯罪与民警维权结合起来。

在法治社会中，如英国著名法官丹宁勋爵所言，“正义不仅要实现，而且要以看得见的方式实现”。[①]“看得见”是指正义实现的过程

---

① ［英］丹宁勋爵：《法律的正当程序》，李克强、杨百揆等译，法律出版社 2010 年版，第 136 页。

应当公开，并接受公众监督，实质是要“通过程序实现法治”。① 随着自媒体（We Media）时代到来，看得见也表现为“镜头”下现场执法活动，② 以视音频形式向现实社会和网络虚拟空间公开。2016年，公安部在举办全国公安机关规范执法视频演示培训会上指出，民警在现场处置过程中，要增强自觉接受监督的意识，习惯于在“镜头”下执法。其目的在于努力让群众在每一项执法活动、每一起案件办理中都能感受到社会的公平正义。③ 然而不可否认，当前公安民警在镜头下执法还面临一些问题，尚有不小可以改进和提升的空间。本章结合镜头下公安现场执法真实案例，④ 分析问题并提出应对之策。

一、自媒体时代镜头对公安现场执法的影响

自媒体亦称“个人媒体”“公民媒体”，早在2003年7月，美国新闻学会媒体中心发布的一份研究报告提出，自媒体是指普通公众经由数字科技，强化与全球知识体系的联系后，开始理解如何提供与分享他们自身事实、新闻的一种途径。在自媒体时代，公众的所见所闻都可能为镜头所记录，并通过微信、微博、博客、论坛/BBS等网络社区动态展示出来。中国互联网络信息中心（CNNIC）第41次《中国互联网络发展状况统计报告》统计，截至2017年12月，我国网民

---

① 陈瑞华：《看得见的正义》，中国法制出版社2000年版，第285页。

② 对于公安现场执法的概念，各方并未形成共识的意见，根据公安部于2016年印发的《公安机关现场执法视音频记录工作规定》第4条的列举性规定，可将其初步界定为：公安机关在执法现场进行的警情处置、当场盘查、现场处置、当场处罚、行政调查取证、行政管理、行政强制、刑事侦查等执法活动。据此，公安现场执法在属性上兼具行政性与刑事司法性。

③ 习近平总书记对执法办案的这一要求，被写入中央全面深化改革领导小组于2016年5月审议通过的《关于深化公安执法规范化建设的意见》中，该意见是新时代公安执法规范化建设的纲领性文件。

④ 这些案例主要有两个来源：一是笔者通过互联网和报刊检索；二是赴公安基层一线调研收集获得。

规模已达7.72亿，其中手机网民规模达7.53亿，占比为97.54%，且网民手机上网比例呈持续攀升态势。自媒体所具有的个体化、多样化、圈群化、高速性等显著特点，[①] 连同庞大的手机网民规模，使传媒生态在当下中国发生了前所未有的转变，形成了“人人都有镜头”“人人皆是传播者”的全新传媒格局。警察作为法治社会公权力之象征，其执法范围具有广泛性，执法活动往往直面社会公众，在自媒体时代自然成为社会舆论聚焦的对象。由于现场执法又处于公安执法活动最前端，容易成为镜头下舆论关注监督的焦点和热点。特别是近年来，各类涉警舆情通过网上、网下相互影响，虚拟和现实空间交织碰撞，其扩散面广、影响力持续加大，给公安现场执法带来新的风险。笔者整理了近年来镜头下公安现场执法10个典型案例相关情况，具体如表1所示。

表1　镜头下公安现场执法案例及其网络舆情[②]

时间	地方	镜头标签	镜头下现场执法概况	网络舆情
2013.10	广西贵港	警察枪击米粉店店主	民警酒后与米粉店店主发生争执，开枪将女店主及其丈夫打伤，后女店主经抢救无效死亡。	“警察的枪是用来惩奸除恶的，他竟然用来杀害老百姓。”
2013.12	江苏南京	老太脱裤将交警抽倒在地	当事一老妇人因不满交通事故处理结果，脱下裤子抽打交警，直至将其抽倒在地。	“倒地动作演技一般，有点博取同情的成分”“是被迫无奈的‘变通执法手段’。”

① 宋全成：《论自媒体的特征、挑战及其综合管制问题》，载《南京社会科学》2015年第3期，第113页。

② 本表依据互联网和报刊相关信息比对整理而成，力图最大限度地反映现场执法实际情况；其中，“网络舆情”摘录了较为典型的网民评论或当事人表述，凡未加注明者为网民评论。

（续表）

时间	地方	镜头标签	镜头下现场执法概况	网络舆情
2015.5	黑龙江庆安	庆安火车站警察开枪	一男子在火车站与警察发生冲突后，将自己的女儿扔向警察，并抢夺警械枪支，被警察击毙。	“人家就双手，你开什么枪?”“公布完整视频，还原事情真相!”“不受蛊惑，相信法律。”
2015.6	四川威远	便衣警察开枪击伤他人	当事人办完事后准备驾车离开，三男子冲至车旁，有人（便衣警察）向车内开枪，击中当事人；当时警察未穿警服，未表明警察身份。	当事人事后称：“上车和开枪时间间隔特别短，我如果说法有误，警方可以公布视频。”
2015.7	陕西勉县	警察鸣枪示警致人受伤	民警处置纠纷遭辱骂、冲撞和撕扯，后鸣枪示警，致一男子受伤。	“支持合法用枪，树立警察威严!”“凭什么让无辜群众受伤!”
2015.7	山东临沂	警察执法拿枪指人	民警处警遭围堵，欲带人回派出所进一步了解情况，遭拒绝、推搡后拔枪指向人头。	“有枪也任性。普通老百姓遭围攻，怎么办?用刀刃指着别人?”
2015.8	河北邯郸	交警下跪执法	驾驶人涉嫌酒驾被查获后，其母亲求情采取下跪、抱大腿等行为，交警也随之下跪。	“站直身板儿，挺直腰杆儿，树立法律严肃性，让闹剧不再上演。”
2015.9	陕西延安	交警被酒驾男子连扇耳光	一男子不配合酒驾检查，态度恶劣、出言不逊，连扇交警耳光，被打交警始终未还手。	视频中男子称：“从小到大都是我打人，从没被欺负过。今天你丢工作，老子花钱。”

（续表）

时间	地方	镜头标签	镜头下现场执法概况	网络舆情
2016.5	甘肃兰州	大学生屁股被警棍打开花	一男子被揪住欲带上警车，男子不上车遭民警脚踹，民警见有人拍摄，立即制止，要求拿出手机；拍摄人被强行带回派出所后，遭民警持警棍殴打致“屁股开花”。	“××派出所民警暴力执法，用警棍殴打大学生。”“用警棍、耳光轮番伺候，而且不准叫出声来，叫一声加5棍，两个人屁股都‘开花’了。”
2017.9	上海松江	警察绊摔怀抱儿童妇女	民警整治违法停车遭女车主暴力阻挠，在控制女子过程中，致女子与手中怀抱的儿童倒地。	“如此暴力执法，还怕一个妇女抱着娃把你们两大男人给整趴下啊?”

通过表1不难看到，镜头下多个省市公安现场执法暴露出的问题（通过“镜头标签”即可直观感受到），也正是这些执法问题引发了负面涉警舆情。案例中不少涉事民警被追究责任，如贵港开枪警察被判死刑、兰州殴打大学生警察被依法严肃处理、上海绊摔怀抱儿童妇女的警察被行政记大过处分等。这些显示了自媒体时代镜头对公安现场执法影响之“两面性”。

一方面，公权力与生俱来的扩张性，要求权力必须在阳光下运行，自媒体时代镜头对公安现场执法之正面影响，集中体现为对执法活动的监督。这种监督主要表现在两方面，即源自公众镜头的社会监督和源自警力镜头的自我监督。对于社会监督，自媒体所具有的便捷性和互动性，有助于革除传统监督耗时长、成本高、效果差等弊病，使现场执法过程中的瑕疵通过镜头显露出来，以实现执法监督。例如，2013年“广西贵港警察枪击米粉店主”视频曝光后，引发了网上、网下对警方枪支管理使用、执法勤务等方面存在问题的分析。公安部也要求，民警执法时面对公众围观拍摄，只要拍摄不影响正常执法，就应当自觉接受监督。这一要求反映了公安部让民警在监督镜头下执法，以从源头上减少执法问题，提高公安执法公信力和群众满意度之意图。需要指出的是，镜头之监督在暴露执法问题的同时，往往通过自媒体被迅速传播扩散，引发涉警负面舆情，由此出现从监督功能到风险衍生的转变，这就形成镜头对公安现场执法影响的另一方面。对于自我监督，主要是公安机关执法记录仪的使用管理，其目的在于实现全面依法治国背景下执法全过程记录和可回溯式管理。2016年6月，公安部出台的《公安机关现场执法视音频记录工作规定》（以下简称《视音频工作规定》）规定，加强现场执法视音频记录是为了规范公安现场执法活动，维护人民群众的合法权益，并对接处警、当场盘查、道路交通事故现场处置等6类现场执法活动，提出应当进行现场执法视音频记录的硬性要求。有人归纳，执法记录仪管理使用应做到“出警必带，处警必用，资料必存，登记翔实，专人管理”。[①] 显然，源自警方执法记录仪的镜头将使公安现场执法全过程在阳光下运行，以实现可回溯式监督与管理，以及必要时涉警舆情之应对。[②]

另一方面，自媒体时代镜头也给公安现场执法带来了压力与风险，这至少体现在三个方面。一是对民警现场执法带来巨大的心理压力。自媒体时代信息自由流动导致了信息传播的不可控性，这极易造成网民“看图说话”之局面。民警现场执法过程中的任何瑕疵都可能通过镜头被无限放大，进而演变成网民群情共愤的对象。如2015年“河北邯郸交警下跪执法”事件，民警查处交通违法，如果当事

---

① 重庆市公安局编：《公安机关常见警情处置规范》（修订版），中国人民公安大学出版社2015年版，第33页。

② 有学者提出现场执法记录仪的意义有：保护民警的合法权益和执法安全，避免恶意投诉；加强对下级执法人员管理，监督警务人员规范执法；作为现场真实证据再现，记录调查、取证全过程，避免媒体断章取义。参见刘健楠：《公安现场执法记录仪使用研究》，载《湖北警官学院学报》2013年第11期，第20－21页。

人抗拒执法，完全可以依法使用强制手段，但视频显示民警选择“下跪”的方式来处理。该事件在反映民警缺乏法治思维的同时，从另一侧面折射出镜头下民警怕舆论、怕被拍的心理压力，正如有人所言民警“跪的是舆论”。[①] 网民评论无奈的“变通执法手段”也清晰说明了此点。二是媒体的歪曲炒作使警察执法权威日益弱化。自媒体时代一些媒体、平台出于商业竞争寻求“卖点”的需要，对警察执法进行负面炒作，其出发点不是为监督现场执法以警示教育执法者，促成问题之最终解决，而是为提高自身“影响力”而制造轰动新闻，这就使舆论监督发生了相当程度的异化。当前，网络传播的“黑警”“丑警”镜头说明，警察已成为社会矛盾的“泄洪口”，这无疑会扩大与加剧警察的形象危机，对现场执法之影响不容小觑。三是民众自由表达给公安机关带来话语权危机。话语权可简单概括为话语影响力，亦即控制舆论的权力。[②] 谁掌握了话语权，即可以决定社会舆论之走向。自媒体打破了传统媒体下官方话语权的天然优势，公众获得了与警方同样的社会音量，其话语表达也具有更强的影响力。由于公众和警察间的不对等关系，一旦发生涉警案事件，这种“警强民弱”的关系便通过自媒体被迅速放大，此时无论执法行为合法与否，社会舆论往往出现向公众一边倒的局面，导致公安机关话语权影响力和权威性减弱，有时甚至可能丧失话语权。

二、自媒体时代镜头下公安现场执法的主要问题

近年来，随着法治建设的推进和自媒体时代的到来，公安执法环境和执法实践正在发生深刻变化。正是这种变化，致使镜头下公安现

① 刘振：《避免“下跪”执法需要法治“搀扶”》，载《安徽日报》2015年9月8日第5版。

② 陈伟球：《新媒体时代话语权社会分配的调整》，载《国际新闻界》2014年第5期，第80页。

场执法问题逐渐显露出来，与新形势下公安机关执法规范化建设新要求发生背离，成为社会关注的焦点和舆论炒作的热点，并成为引发其他问题的导火索。在此，结合公安现场执法案例，将这些典型问题类型化后，侧重从法治角度分析之。

第一，现场粗暴执法引发负面舆情。公安民警在现场执法过程中，经常会面对围攻谩骂、暴力抗法、侮辱殴打、恶意投诉等情形，如一些醉酒驾驶者情绪亢奋、自制力差，借着酒劲对交警实施谩骂甚至殴打。面对执法对象的质疑或者挑衅，民警往往会出现因情绪失控，而进行粗暴执法应对的情形。某公安局交警支队民警辛某执勤时，发现刘某驾车违法行驶，遂上前示意其靠边停车并进行现场处罚；刘某对处罚有异议，试图抢夺辛某正在出具的简易程序处罚决定书，并反复辱骂民警辛某；辛某遂用拳头击打刘某，后者也动手还击，随后围观群众将双方劝开；事后，刘某及现场围观群众在微信中大肆炒作，引发负面舆情。《人民警察法》第 3 条和第 44 条规定，警察应当倾听人民的意见建议，并自觉接受社会和人民的监督；《公安机关人民警察现场制止违法犯罪行为操作规程》第 15 条和第 19 条对民警口头、徒手制止违法犯罪，作出了较清晰的条件性规定。显然，本案民警面对当事人的谩骂，未能保持理性平和心态，其情绪失控后的粗暴执法行为授人以柄，引发网络媒体炒作，造成负面社会影响。在有的案例中，民警甚至直接采取了粗暴执法的行为，如 2016 年“甘肃兰州民警暴力执法用警棍打大学生屁股”事件，起因是当事人拒绝交出手机拍摄的民警现场粗暴执法视频，后来涉事民警被依法处理。网络媒体以《大学生屁股被“打开花”》为题的数篇报道，足见背离法治精神的现场粗暴执法之负面影响。

第二，现场执法缺乏必要的人性关怀。现场执法必然触及人的利益，其中包含着警民矛盾及其转化，若执法行为不当，矛盾就有可能被激化。2017 年“上海警察绊摔怀抱儿童妇女”视频显示，一名抱着儿童的妇女与民警发生争执，在此过程中怀抱的孩子一直在哭泣；

其间，女子用手推搡民警，民警遂将女子绊摔在地制伏，但女子怀中的孩子也直接摔到了地上。后来，上海松江警方微博发布公告表示，民警在开展违法停车整治时，遭一名违停女性车主暴力阻挠，在控制该女子过程中，未能顾及其手中怀抱儿童的安全，致使女子与儿童倒地。该断视频在网上流传后，引发了社会舆论对民警现场执法是否文明规范的激烈争论。自2008年12月孟建柱在全国公安厅局长会议上，首次提出“理性、平和、文明、规范”的执法新理念以来，这一具有丰富内涵的理念，已经成为党和政府对公安民警执法之总要求。然而不可否认，在法治社会的上述执法理念下，此次现场执法无疑缺乏必要的人性关怀，试想如果绊摔行为导致无辜儿童出现意外，后果势必不堪设想。

第三，现场“消极”执法缺乏应对手段。所谓“消极”是指民警对违法、抗法行为较大程度的克制忍让，畏首畏尾，不敢依法使用强制手段。有人把公安现场执法中的这种消极，称为“打不还手、骂不还口”的中国式“文明执法”，其主要是民警在新的执法环境下迫于社会舆论压力、对文明执法的误读、执法经验不足等原因所致。这就使得严肃的公安执法俨然成为“理亏”一方，其结果是极大地损害了执法者之威严，最终将削弱法治的权威。2015年，陕西延安交警被酒驾男子连扇耳光而未予制伏，该视频在网上引发了热议。此事件被权威媒体评论为“有损执法威严”“现代国家的善治需要威严有力的警察”。[①] 近些年，还有不少此类视频在网上散布流传，如南京一名交警在查处一老妇人交通违法行为时，老妇人竟当众脱下裤子抽打民警，民警“害羞”地背对着这名老妇人，始终没有还击，直至被打倒在地，而民警周围不仅有围观群众还有协警。对此，有网民的评论颇能说明公安现场执法面临的困境：“打了人说警察暴力执法，克制忍让就说警察‘怂’没用，网民好难满足。”

① 顾德宁：《“警察打不还手”有损执法威严》，载《新华日报》2015年9月10日第2版。

第四，现场执法违规使用警械武器。在我国严管枪支的制度语境下，民警用枪自然易受特别关注。仅2015年，“山东临沂民警执法拿枪指人”“四川威远便衣警察开枪击伤他人”“陕西勉县民警鸣枪示警致人受伤”“黑龙江庆安火车站枪击”等一系列事件视频镜头，引发了舆论对民警执法中用枪合法性的热议。对于前述贵港警察开枪事件，起初警方给出了与公安部禁令不相符的“正在执行公务”的辩解。①“暴风影音”互联网视频播放平台中一个名为“多地发生警察滥用枪支”的微视频，也反映了高层对此问题的高度关注。公安执法规范化培训教材把“针对非暴力犯罪且情况缺乏紧迫性，违法使用武器，造成无辜人员伤亡”“对暴力犯罪紧急情况判断不清，不能及时果断使用武器”② 列为武器使用之常见问题。在警械使用方面，如某公安局派出所民警在执法活动中核实杨某身份时，因其回答有所迟疑，即取出手铐上铐带回派出所；后引发杨某向公安机关的投诉举报。对于警械武器使用暴露出的问题，皆是因为民警现场执法未能严格遵循《人民警察使用武器和警械条例》《公安机关人民警察佩带使用枪支规范》等法律规范所致。

第五，缺乏警方镜头造成不利后果。这主要表现为民警缺乏证据意识，现场执法未按规定使用执法记录仪对执法活动进行录音录像，正是镜头的缺失导致案（事）件事后处理陷入被动境地。在某公安局侦办吴某涉嫌贩卖毒品案件中，检察机关认为民警在查获毒品和毒资时，没有使用执法记录仪进行同步录音录像，无法证明扣押、封存毒品和毒资过程的合法性，最终作出了不起诉决定。而在另一起交通违法案件中，交警未使用执法记录仪对当场处罚过程进行摄录取证，

---

① 2011年11月，公安部发布《关于重申公安机关禁酒有关规定的通知》（即“七条禁令”）规定：严禁值班、备勤和执行公务时饮酒；严禁携带枪支、警械、秘密文件时饮酒。

② 刘宏斌、王树民：《公安民警现场执法处置规范》，中国市场出版社2009年版，第31页。

结果当群众将用手机录制的现场视频片段上传网络，引发涉警负面舆情时，公安机关反而无法提供完整的执法视频，不利于澄清案件事实，引导公众作出理性判断。实践中，还有民警习惯用手机摄录执法过程，后因视频资料丢失，难以证明现场执法行为合法性的例子。这些执法活动显然与《刑事诉讼法》及其相关司法解释、《视音频工作规定》等规定之要求相背离。

三、自媒体时代镜头下公安现场执法的应对之策

在自媒体环境下，公安现场执法问题及其由“蝴蝶效应”（Butterfly Effect）所带来的影响，[①] 昭示了镜头下执法时代已悄然到来。公安民警面对镜头执法，接受社会监督，无疑将成为法治社会的一种常态。面对新时代新常态，公安机关及民警应树立“镜头”下的规范意识，在现场执法活动中，秉持规范执法行为、规避执法风险、重塑执法权威、提高执法公信力之目标，从以下四个方面综合着力应对。

首先，努力做到理性、平和、文明、规范执法。理性、平和、文明、规范的执法理念涵盖了公安机关执法活动的外在表现与内在特质，分别从执法内涵、心态、态度、要求四个方面提出标准，从而构成了公安执法理念之整体。[②] 现场执法处于公安执法活动最前端，将直接影响公众对公安民警的第一印象，进而决定民警的话语权。较之非现场执法办案，公安现场执法面临情况复杂、情势多变的环境，各种新情况、新手段、新违法犯罪类型层出不穷，因此，更有必要严格遵循这一理念开展执法活动。在自媒体时代镜头下，监督力度空前加大，公安现场执法要有效应对各种情况发生，民警必须做到规范执

① “蝴蝶效应”最早由美国气象学家洛伦兹于20世纪60年代提出，指在一个动力系统中，初始条件下微小的变化经过不断放大，带动整个系统长期而巨大的连锁反应。

② 邢曼媛：《解读公安机关理性、平和、文明、规范执法》，载《山西高等学校社会科学学报》2011年第3期，第74、77页。

法，杜绝暴力执法、随意执法、过度执法、选择性执法等情形，最大限度地减少执法瑕疵，只有这样，面对镜头才能游刃有余，才可能消解公众对警察的偏见，也才有底气回应网上散播的涉警负面舆情。面对镜头下执法突出问题，至少可以先从两个方面改进。一方面是在“尊重和保障人权”理念下改变生硬的执法方式，在现场执法活动中保持理性平和的执法心态，运用机动灵活的处置技巧，善于把法律之刚性和执法之柔性有机结合起来，[①] 做到法、理、情相统一，执法形式与执法目的相统一。正如华裔警察石子坚所指出的：警察要学会根据现场情况进行自由裁量，根据轻重缓急考虑执法效果，要创造性地执法而非僵死地执法；警察执法实践并非像数学公式那样一成不变。[②] 另一方面是在程序正义理念下推进公安执法公开，2012 年公安部出台的《公安机关执法公开规定》为此提供了法律支撑。如庆安火车站枪击事件中，公众对警察用枪合法性之质疑源自网络流传的一个视频片段，随着事件的持续发酵，网络舆情出现了“公布完整视频”的强烈呼声，而整个事件的还原最终有赖于全程监控视频的公布。这样做的目的在于，通过自媒体时代的镜头，用执法公开的方式（在警务信息化条件下，时常表现为公安机关单方掌控的镜头）保障公众的知情权、参与权、表达权和监督权，通过信息传播交流和警民良性互动，克服公安执法封闭性、强制性及分散性之弊病，最大限度地消除公众对警方的误解，获得公众的理解与支持，以促公安现场执法方式之调整与优化。

其次，构建公安现场执法标准并强化执法质量考评。公安现场执法标准之构建，意味着现场执法当迈向标准化、精细化、实战化，其

---

① 重庆市公安局：《重庆市公安机关现场执法典型案例评析》，重庆市公安局 2017 年内部排印本，第 1 页。

② ［美］石子坚：《石警官美国巡警勤务详解》，中国人民公安大学出版社 2009 年版，第 13 页。

目的在于为民警现场执法提供“精确指导”,① 以保证执法行为规范有序。这深刻反映了学者所言，现代法治社会监控警察执法行为的“两个转变”，即由粗放性向精细化监控转变和由分散性向标准化或统一性监控转变。② 笔者认为，构建现场执法标准应立足统一警察对法律之理解与执行，坚持以问题为导向，在现场执法原则要求、手段措施、主要环节等方面作出基本规定，针对阻碍执法、斗殴伤害、多人讨债、家庭暴力、“医闹”等扰乱公共秩序、民事纠纷求助、劫持人质等常见警情，以及醉酒人员、吸毒人员、精神病人、艾滋病患者、抱孩子妇女、孕妇、老人、残疾人等特殊人员警情现场处置，先行制定现场执法标准。③ 对此，江苏公安的做法殊值借鉴。2016 年 8 月以来，江苏公安加快推进执法规范化“升级版”建设，围绕现场执法最急需、易出问题的 22 类警情，从法律要求、处置流程、言行举止及策略技巧等方面形成规范流程，建立了首批 22 项公安现场执法标准，指引和规范民警按规程开展现场执法。④ 同时，这 22 项标准与省公安厅组织编写的首批现场执法指导案例（51 例）、现场执法视频教学片（21 部）和开发的随时为民警提供查询、指导服务的现场执法服务平台，共同构成“四位一体”现场执法标准体系。⑤ 从中

① “精确指导”与现场执法中的“自由裁量”并非必然的对立关系，如警学专家迪克逊所言：“不应该把规则看作具备某种固定本质的东西，而应看作一套适应性强的做法、话语、技术和监管模式。它既可以提供广泛的、自由决定的、务实的适应性，又能够提供明确的、以规则为基础的制度。”参见［澳］迪克逊：《警务中的法则：法律法规与警察实践》，薛向君、罗瑞林等译，南京出版社 2013 年版，第 263 页。

② 邓国良：《解读警察执法标准体系之构建》，载《江西公安专科学校学报》2010 年第 5 期，第 48 页。

③ 2018 年 6 月公安部印发的《公安机关现场执法指引》即是一种有益的规范建设实践。

④ 姚雪青、赵家新：《22 条铁规，严管任性民警》，载《人民日报》2017 年 11 月 2 日第 11 版。

⑤ 苏宫新、李海明：《江苏公安发布首批 22 项现场执法标准》，载《江苏法制报》2017 年 11 月 2 日第 1 版。

不难看到，现场执法标准体系也为针对性教育训练提供了素材。[①] 鉴于警情之复杂多变，现场执法标准还应注意进行相应的调整充实，这有些类似于判例法的成长，如美国大法官卡多佐所说："随着不断出现的众多新事物或新事件，迫切需要追寻令人确信不疑的公正，这要求我们涂抹规则、修正规则、限制规则，甚至删去规则。"[②] 标准之构建在划定公安现场执法行为合法性边界（实际上也为民警依法履职免责确定了标准）的同时，也为执法质量考评提供了更细化的依据。例如，2016 年 1 月公安部出台修订后的《公安机关执法质量考核评议规定》将接处警执法情况列为执法质量考评内容，[③] 而公安现场执法标准无疑能为此项考评提供必要参照，以提高考评之科学化、规范化水平。如某公安局已在前期制定现场执法标准的基础上，结合相关法律法规，在实地考评过程中在被考评单位辖区设置模拟警情，考核出警民警到达现场时间、着装、单警装备佩带、处警语言、处置流程等现场执法执勤规范情况，以及佩带执法记录仪和使用情况等（逐项明确具体分值），通过强化考评确实起到了加强内部执法监督、提高执法质量之效果。

再次，提高公安机关及民警的舆情应对能力。在自媒体时代信息传播高度发达的情况下，官方已经难以做到完全封锁信息，因此，有效引导舆论和化解危机事件成为公安机关及民警必须具备的能力。这

---

① 有学者提出，现场执法规范化建设要做好"三个结合"，即执法规范化建设与教育训练相结合、执法要求与客观评价相结合、依法执法与法规建设相结合，而公安现场执法标准之构建无疑将有助于达成这些结合。参见张祖建、陈玉强：《现场执法规范化建设要坚持和处理好三个结合——基于公安机关现场执法规范化建设的思考》，载《公安教育》2018 年第 1 期，第 44 – 47 页。

② [美] 卡多佐：《法律的成长 · 法律科学的悖论》，董炯、彭冰译，中国法制出版社 2002 年版，第 39 页。

③ 《公安机关执法质量考核评议规定》第 4 条把"接处警执法情况"列为公安机关执法质量考评的主要内容之一；第 5 条规定接处警执法应当达到 6 项标准：接警文明规范，出警及时；着装、携带使用处警装备符合规定；处置措施适度、规范；现场取证及时、全面；接处警记录完整、准确、规范；按规定出具接报案回执。尽管这些规定已经比较具体，但其落实仍需更具指引性的现场执法标准（如规定中"处置措施适度、规范"之评判等）。

对自媒体时代公安现场执法环境之优化、警察话语权之重建和警察形象的提升非常重要。总体上，公安机关及民警应在和谐理念的指引下，促进与媒体的沟通联系，构建融洽的警媒合作关系。① 对于公安机关，具体可以从三个方面考虑。第一，加强警媒合作。警方以更开放的意识和宽容的心态面对媒体，改变以往以“管控”为重心的警媒关系，注重巧借媒体为警方“发声筒”，以正面引导舆论。在不违背工作纪律的前提下，可主动为媒体提供信息和采访便利；对不宜报道的信息，要耐心向媒体解释说明，切忌采取粗鲁的方式回应；对媒体反映的问题，应认真对待，及时查明事实后向媒体反馈，争取获得理解与支持。第二，强化公安宣传阵地建设。充分发挥自媒体的优势，利用网站、微信、微博等强化宣传阵地建设，具体可以通过法制宣传片、微视频等发挥形象传播作用，传递警方的正面声音。特别要重视日常正面宣传工作，通过不断积累，改变公众对警方固有的消极印象，掌握自媒体时代公安宣传主动权。例如，2018 年大批媒体网站、客户端报道转载了重庆民警杨雪峰执行公务时遇袭牺牲，引发各界强烈共鸣，促使舆论持续聚焦到公安民警牺牲奉献上，弘扬了社会正能量。第三，提高危机应对能力。加强对网络舆情的分析研判，尽可能提前介入将危机化解在初显阶段。当发生警察形象危机时，应改变回避之态度，通过媒体迅速发布危机动态，以最大限度地减少公众质疑，遏制谣言扩散，缓解形象危机。对还在调查过程中的案（事）件，亦应第一时间明确态度，以展示警方的责任感和高效率，为化解危机奠定基础。对于民警，在现场执法过程中要尊重公众和媒体，注重与之沟通的方式方法，避免情绪化的语言和不规范现场执法行为，以从警察个体源头上防止危

---

① 英国学者乔伊斯在谈及警察、媒体和舆论间的关系时，提出警方有选择地向公众传递信息、双方都可能想利用对方为自己服务、警方在有些情形下可能通过操控媒体得到想要的结果等问题，这是构建警媒合作关系时需加以注意的。参见［英］乔伊斯：《警务发展与当代实践》，曹志建译，知识产权出版社 2015 年版，第 272 - 273 页。

机发生。2018 年 5 月，网络流传的一段被网民称为“教科书式执法”的上海民警现场执法视频片段，得到各方肯定，出现了舆情向警方一边倒的局面，可以说成为集中体现法治社会镜头下规范执法、舆情应对之鲜活范例，有人甚至直言：“这种理直气壮、不卑不亢、文明有序的执法规程势必应大力推广。”① 这次现场执法及其成功之处，如表 2 所示。

表 2　上海警察“教科书式执法”网络视频分析②

<table>
<tr><td colspan="3">警察检查一辆无牌照汽车，当事人不配合，有抗法行为；民警对执法过程进行了全程录像</td></tr>
<tr><th>执法情况（步骤）</th><th>成功之处</th><th>镜头标签/网络舆情</th></tr>
<tr><td>告知当事人：“请你跟我们到派出所接受调查。”</td><td>依法口头传唤。</td><td rowspan="6">这段警察执法视频火了，网友怒赞“教科书式执法”。
警察“教科书式执法”因规范获赞许。
诋毁“警察打人了”翻转为“教科书级别执法课”，打了谁的脸？
那个被扣男子，是“教科书式的挑衅”。
这才是执法该有的态度！
处置得当，毫无争议，为民警点赞！</td></tr>
<tr><td>连续三次警告当事人。</td><td rowspan="3">警告无效后，武力逐步升级，同时注意保障有关人员的合法权益。</td></tr>
<tr><td>提醒无关人员远离，使用催泪喷射器，并使用警棍戒备。</td></tr>
<tr><td>告知当事人：“放弃抵抗，马上帮你清洗。”“蹲下，服从我的指令，否则进一步使用武力。”</td></tr>
<tr><td>当事人同行人员称“警察打人了”，没有群众理会。</td><td>现场执法得到群众认可。</td></tr>
<tr><td>告知拍摄群众：“你拍可以，但是你不能断章取义，掐头去尾。你要传就整段传，出了事情你自己负责。”</td><td>尊重群众拍摄执法过程的权利，并对视频传播作出提醒。</td></tr>
</table>

① 史洪举：《“教科书式执法”获赞　彰显最朴素的正义观》，载《民主与法制时报》2018 年 5 月 22 日第 2 版。

② 该视频片段在优酷、土豆、腾讯视频、爱奇艺等视频平台可查看，后中央电视台独家公布了完整的执法视频，本表根据这些视频内容整理而成；“镜头标签/网络舆情”栏内容来自互联网检索。

最后，把依法惩治网络违法犯罪与民警维权结合起来。自媒体犹如一把“双刃剑”，其在极大扩展民众言论表达空间和自由的同时，也滋生出利用信息网络实施涉警违法犯罪现象。美国学者莱斯格指出：“关于政府和网络空间的最初想法，如同关于自由政府的最初想法一样，是误入歧途了。网络空间的自由绝非来源于国家的缺位”“在我们所建造的世界，自由因被置于某种有意的控制中而得以繁荣”。[①] 这里，两项应对措施之结合，其主要目标是立足于必要的“控制”，以扭转自媒体时代民警迫于舆论压力，在现场执法过程中有所顾忌，缩手缩脚，不敢依法开展现场执法之情状。在制度设计层面，司法界已有所考虑，如2013年“两高”联合出台《关于办理利用信息网络实施诽谤等刑事案件适用法律若干问题的解释》，尽管这一司法解释还不尽完美，但明确了利用信息网络实施诽谤、寻衅滋事等犯罪的行为方式、入罪标准等问题。这无疑为公安机关依法应对网络涉警舆情、治理网络空间提供了依据。鉴于“网络谣言具有极大的迷惑性，会‘润物细无声’般严重消减政府权威和司法公信”，[②] 公安机关应充分运用法律法规加以惩治，为公安现场执法提供良好的网络环境。与此同时，对利用自媒体恶意中伤抹黑、造谣诽谤民警、裹挟民意等行为，严格依法追究法律责任，以应对当前“辱警”“丑警”等行为，如对杨雪峰、李尚恒等多位遇袭牺牲民警遭辱骂事件，有公安机关以“全时处置”模式严厉打击，于事发当日对涉事网民依法采取强制措施，赢得了社会舆论的广泛支持。[③] 在警察维权机制上，应考虑构建事中介入干预、事后调查澄清的“有错必纠、有冤

---

① ［美］莱斯格：《代码2.0：网络空间中的法律》，李旭、沈伟伟译，清华大学出版社2009年版，第4页。

② 于志刚：《“双层社会”中传统刑法的适用空间——以“两高”〈网络诽谤解释〉的发布为背景》，载《法学》2013年第10期，第104页。

③ 李青鹰：《面对袭警辱警舆情看公安机关如何“拆招”》，载人民网，http：//yuqing. people. com. cn/GB/n1/2018/0418/c209043 - 29934378. html，2018 - 04 - 18。

必申”警察维权工作机制，当民警现场执法中自身合法权益受到侵害时，警察维权部门快速反应，对确有执法过错的及时纠正，消除或最大限度地降低损害后果；对损害民警名誉的依法处理，为民警依法履职打气撑腰。同时，高度重视基层一线民警特别是被侵权民警之心理健康，通过有针对性的心理疏导，帮助其有效应对执法工作压力。

四、结语

法治既是抽象的原则精神，更可能表现为具体的执法实践。镜头下的公安现场执法，正是通过自媒体展示出法治之复杂面向，其中伴随着警方、媒体和舆论间的博弈、对抗与合作。自媒体时代的到来，对公安机关及民警开展现场执法的挑战也将是持久而深刻的。有英国警官曾这样描述警察执法的场景：“当警察在马路上时，并不明白规则是什么，直到他回到警察局。在马路上，他必须作出即时的决定，使用他的常识，有时把法规抛在一边，当他回到警察局时，他可能会发现做了不该做的事，或者使用了并不具备的权力。”① 在自媒体作用下，如此执法极有可能是警察还没回到警察局，执法瑕疵或纰漏已是“路人皆知”。自媒体时代镜头下的公安现场执法唯有谨守“规范”二字，方才符合法治精神和舆情期待，促使“教科书式执法”成为执法常态。

---

① ［澳］迪克逊：《警务中的法则：法律法规与警察实践》，薛向君、罗瑞林译，南京出版社 2013 年版，第 228－229 页。

参考文献

一、中国学者著作

1. 卞建林、王肃元主编：《刑事诉讼法修改：问题与前瞻》，北京大学出版社 2008 年版。

2. 卞建林、文晓平主编：《建言献策：刑事诉讼法再修改》，中国人民公安大学出版社 2011 年版。

3.《刑事证据规则运用手册》编委会编：《刑事证据规则运用手册》，法律出版社 2010 年版。

4. 陈光中主编：《中华人民共和国刑事诉讼法再修改专家建议稿与论证》，中国法制出版社 2006 年版。

5. 陈光中主编:《刑事诉讼法》(第 4 版)，北京大学出版社 2012 年版。

6. 陈光中主编：《非法证据排除规则实施问题研究》，北京大学出版社 2014 年版。

7. 陈光中、刘玫等:《司法改革问题研究》，法律出版社 2018 年版。

8. 重庆市公安局编：《公安机关常见警情处置规范》（修订版），中国人民公安大学出版社 2015 年版。

9. 陈朴生：《刑事证据法》，台湾三民书局 1979 年版。

10. 陈瑞华：《看得见的正义》，中国法制出版社 2000 年版。

11. 陈瑞华：《论法学研究方法》，北京大学出版社 2009 年版。

12. 陈瑞华:《刑事诉讼的中国模式》(第 2 版)，法律出版社 2010 年版。

13. 陈瑞华:《比较刑事诉讼法》，中国人民大学出版社 2010 年版。

14. 陈瑞华：《程序性制裁理论》，中国法制出版社 2010 年版。

15. 陈瑞华：《刑事证据法学》，北京大学出版社 2012 年版。

16. 陈瑞华：《刑事证据法的理论问题》，法律出版社 2015 年版。

17. 陈瑞华:《刑事诉讼的前沿问题》（下册)，中国人民大学出版社 2016 年版。

18. 陈瑞华：《司法体制改革导论》，法律出版社 2018 年版。

19. 陈卫东主编：《刑事审前程序与人权保障》，中国法制出版社 2008 年版。

20. 陈卫东主编:《中欧遏制酷刑比较研究》，北京大学出版社 2008 年版。

21. 陈卫东、［荷］斯普瑞肯主编：《遏制酷刑的三重路径：程序制裁、羁押场所的预防与警察讯问技能的提升》，中国法制出版社 2012 年版。

22. 陈兴良:《正当防卫论》(第 2 版)，中国人民大学出版社 2006 年版。

23. 陈永生：《刑事冤案研究》，北京大学出版社 2018 年版。

24. 戴长林、罗国良等:《中国非法证据排除制度：原理 · 案例 · 适用》，法律出版社 2016 年版。

25. 樊崇义等著：《刑事诉讼法修改专题研究报告》，中国人民公安大学出版社 2004 年版。

26. 樊崇义主编:《诉讼原理》(第 2 版)，法律出版社 2009 年版。

27. 樊崇义主编：《刑事诉讼法》（第 2 版），法律出版社 2009 年版。

28. 樊崇义：《刑事诉讼法哲理思维》，中国人民公安大学出版社 2010 年版。

29. 樊崇义主编：《2012 刑事诉讼法：解读与适用》，法律出版社 2012 年版。

30. 郭松：《试点改革与刑事诉讼制度发展》，法律出版社 2018 年版。

31. 韩红兴：《审判中心主义视野下刑事诉讼制度改革研究》，法律出版社 2016 年版。

32. 何家弘：《短缺证据与模糊事实：证据学精要》，法律出版社 2012 年版。

33. 何家弘主编：《迟到的正义：影响中国司法的十大冤案》，中国法制出版社 2014 年版。

34. 何家弘：《亡者归来：刑事司法十大误区》，北京大学出版社 2014 年版。

35. 何家弘、刘品新：《证据法学》（第 5 版），法律出版社 2013 年版。

36. 胡铭：《审判中心与刑事诉讼》，中国法制出版社 2017 年版。

37. 黄维智：《刑事司法中的潜规则与显规则》，中国检察出版社 2007 年版。

38. 季卫东：《法律程序的意义》（增订版），中国法制出版社 2012 年版。

39. 季卫东、林喜芬等：《中国的司法改革：制度变迁的路径依赖与顶层设计》，法律出版社 2016 年版。

40. 刘宏斌、王树民：《公安民警现场执法处置规范》，中国市场出版社 2009 年版。

41. 罗海敏：《反恐视野中的刑事强制措施研究》，中国人民公安大学出版社 2012 年版。

42. 李交发：《中国诉讼法史》，中国检察出版社 2002 年版。

43. 李文玲：《中国古代刑事诉讼法史》，法律出版社 2011 年版。

44. 李玉华、周军等：《警察出庭作证指南》，中国人民公安大学出版社 2014 年版。

45. 林喜芬：《两个证据规定与证据排除规则》，中国人民公安大学出版社 2011 年版。

46. 林钰雄：《检察官论》，法律出版社 2008 年版。

47. 林钰雄：《严格证明与刑事证据》，法律出版社 2008 年版。

48. 林钰雄：《干预处分与刑事证据》，北京大学出版社 2010 年版。

49. 龙宗智：《相对合理主义》，中国政法大学出版社 1999 年版。

50. 龙宗智：《理论反对实践》，法律出版社 2003 年版。

51. 龙宗智主编：《徘徊于传统与现代之间：中国刑事诉讼法再修改研究》，法律出版社 2005 年版。

52. 龙宗智：《证据法的理念、制度与方法》，法律出版社 2008 年版。

53. 龙宗智、万毅等：《司法改革与中国刑事证据制度的完善》，中国民主法制出版社 2016 年版。

54. 强世功：《惩罚与法治：当代法治的兴起（1976—1981）》，法律出版社 2009 年版。

55. 孙长永：《侦查程序与人权：比较法考察》，中国方正出版社 2000 年版。

56. 苏力：《法治及其本土资源》（修订版），中国政法大学出版社 2004 年版。

57. 苏力：《制度是如何形成的》（增订版），北京大学出版社

2007 年版。

58. 孙茂利主编：《公安机关办理刑事案件程序规定释义与实务指南》，中国人民公安大学出版社 2013 年版。

59. 孙茂利主编：《公安机关刑事法律文书（2012 版）制作与范例》，中国人民公安大学出版社 2013 年版。

60. 孙海龙等：《司法责任制改革》，法律出版社 2017 年版。

61. 孙远：《刑事诉讼法解释问题研究》，法律出版社 2016 年版。

62. 沈德咏主编：《严格司法与诉讼制度改革：推进以审判为中心的刑事诉讼制度改革策论》，法律出版社 2017 年版。

63. 宋英辉主编：《刑事诉讼法修改问题研究》，中国人民公安大学出版社 2007 年版。

64. 汪海燕：《我国刑事诉讼模式的选择》，北京大学出版社 2008 年版。

65. 吴洪淇：《证据法的理论面孔》，法律出版社 2018 年版。

66. 王超：《警察作证制度研究》，中国人民公安大学出版社 2006 年版。

67. 王超：《排除非法证据的乌托邦》，法律出版社 2014 年版。

68. 王大伟：《第五次警务革命：十论世界警务大趋势》，中国人民公安大学出版社 2012 年版。

69. 王敏远、杨东亮等：《重构诉讼体制：以审判为中心的诉讼制度改革》，中国政法大学出版社 2016 年版。

70. 万毅：《微观刑事诉讼法学：法解释学视野下的〈刑事诉讼法修正案〉》，中国检察出版社 2012 年版。

71. 王永杰：《从讯问到询问：关键证人出庭作证制度研究》，法律出版社 2013 年版。

72. 王兆鹏：《美国刑事诉讼法》（第 2 版），北京大学出版社 2014 年版。

73. 王兆鹏：《新刑诉·新思维》，中国检察出版社 2016 年版。

74. 谢安平、郭华等：《中国刑事诉讼制度的改革：基于以审判为中心诉讼制度改革的思考》，知识产权出版社 2017 年版。

75. 徐美君：《侦查权的运行与控制》，法律出版社 2009 年版。

76. 许章润主编：《犯罪学》（第 3 版），法律出版社 2007 年版。

77. 岳礼玲主编：《中国刑事司法与人权》，法律出版社 2017 年版。

78. 杨松才、肖世杰主编：《刑事诉讼法再修改专题研究》，中国检察出版社 2009 年版。

79. 最高人民检察院法律政策研究室编译：《所有人的正义：英国司法改革报告》，中国检察出版社 2003 年版。

80. 赵秉志主编：《中国反恐立法专论》，中国人民公安大学出版社 2007 年版。

81. 赵秉志、陈弘毅主编：《国际刑法与国际犯罪专题探索》，中国人民公安大学出版社 2003 年版。

82. 赵炜、张光主编：《警察政治学》，中国人民公安大学出版社 2014 年版。

83. 张军主编：《刑事证据规则理解与适用》，法律出版社 2010 年版。

84. 张丽卿：《刑事诉讼制度与刑事证据》，中国检察出版社 2016 年版。

85. 张明楷：《犯罪构成体系与构成要件要素》，北京大学出版社 2010 年版。

86. 张明楷：《刑法学》（第 4 版），法律出版社 2011 年版。

87. 张美英主编：《德国与欧盟反恐对策及相关法律研究》，中国检察出版社 2007 年版。

88. 左卫民、马静华等：《中国刑事诉讼运行机制实证研究

(二)》，法律出版社 2009 年版。

89. 左卫民、周长军:《刑事诉讼的理念》，北京大学出版社 2014 年版。

二、中国学者论文

1. 陈光中、步洋洋：《审判中心与相关诉讼制度改革初探》，载《政法论坛》2015 年第 3 期。

2. 陈金钊：《“法治改革观”及其意义——十八大以来法治思维的重大变化》，载《法学评论》2014 年第 6 期。

3. 柴春雨：《试论我国刑事拘传措施的现状及对策》，载《云南警官学院学报》2008 年第 5 期。

4. 陈卫东:《中国刑事证据法的新发展——评两个证据规定》，载《法学家》2010 年第 5 期。

5. 陈卫东:《两个证据规定的进步与不足》，载《证据科学》2010 年第 5 期。

6. 陈卫东：《公民参与司法：理论、实践及改革——以刑事司法为中心的考察》，载《法学研究》2015 年第 2 期。

7. 陈卫东、郝银钟:《侦、检一体化模式研究——兼论我国刑事司法体制改革的必要性》，载《法学研究》1999 年第 1 期。

8. 陈伟球：《新媒体时代话语权社会分配的调整》，载《国际新闻界》2014 年第 5 期。

9. 程欢彦:《警惕陷阱重重的“套路贷”诈骗》，载《人民法治》2017 年第 10 期。

10. 程欢彦:《危险“套路”》，载《检察风云》2017 年第 19 期。

11. 崔敏:《关于警察出庭作证的若干问题》，载《中国人民公安大学学报》2005 年第 5 期。

12. 邓国良:《解读警察执法标准体系之构建》，载《江西公安专科学校学报》2010 年第 5 期。

13. 丁明：《浅论拘传适用的几个问题》，载《广西公安管理干部学院学报》2001 年第 1 期。

14. 樊崇义、李忠诚：《关于修改与完善刑事拘传立法的几点思考》，载《现代法学》1993 年第 4 期。

15. 樊崇义、吴光升：《审前非法证据排除程序：文本解读与制度展望》，载《中国刑事法杂志》2012 年第 11 期。

16. 樊崇义、张中：《论以审判为中心的诉讼制度改革》，载《中州学刊》2015 年第 1 期。

17. 郭晶：《程序类“情况说明”的证据能力分析》，载《国家检察官学院学报》2013 年第 4 期。

18. 郭松：《组织理性、程序理性与刑事司法绩效考评制度》，载《政法论坛》2013 年第 4 期。

19. 顾德宁：《“警察打不还手”有损执法威严》，载《新华日报》2015 年 9 月 10 日第 2 版。

20. 何家弘、方斌：《论侦查人员出庭作证范围的科学界定》，载《中国刑事法杂志》2010 年第 10 期。

21. 何家弘、杨建国：《论警察出庭作证的程序保障——以〈波士顿警察局规则与程序规则 320〉为蓝本》，载《犯罪研究》2010 年第 4 期。

22. 黄维智：《刑事案件中“情况说明”的适当定位》，载《法学》2007 年第 7 期。

23. 黄庆畅、李想：《12 小时与 24 小时：拘传时限的利弊权衡》，载《人民日报》2011 年 10 月 19 日第 18 版。

24. 黄文旭、李飞：《论国际刑事法院对恐怖主义犯罪的管辖权》，载《江南社会学院学报》2007 年第 4 期。

25. 韩旭：《完善我国刑事见证制度立法的思考》，载《法商研究》2008 年第 6 期。

26. 侯兆晓：《是见义勇为还是非法拘禁——一起被扭送者途中死亡案引发争议》，载《民主与法制》2010 年第 2 期。

27. 姜明安：《改革、法治与国家治理现代化》，载《中共中央党校学报》2014 年第 4 期。

28. 姜忠:《浅谈扭送的几个问题》，载《山东公安丛刊》1996 年第 1 期。

29. 季张颖、陈颖婷:《建议建立“甄打防”协作机制》，载《上海法治报》2018 年 1 月 29 日第 A04 版。

30. 李春刚、王凯：《办案“情况说明”的证据学思考》，载《证据科学》2009 年第 2 期。

31. 李富成：《警察出庭作证论纲》，载《公安研究》2010 年第 1 期。

32. 刘海：《一律师成“套路贷”帮凶获刑 3 年》，载《上海法治报》2017 年 8 月 29 日第 A02 版。

33. 李明：《我国见证制度中的三个问题研究》，载《河北法学》2007 年第 11 期。

34. 刘玫：《关于拘传的立法完善》，载《人民检察》1996 年第 7 期。

35. 刘计划：《侦查监督制度的中国模式及其改革》，载《中国法学》2014 年第 1 期。

36. 刘健楠：《公安现场执法记录仪使用研究》，载《湖北警官学院学报》2013 年第 11 期。

37. 刘英团：《警察出庭作证使司法公正让人看得见》，载《检察日报》2010 年 7 月 14 日第 6 版。

38. 刘振：《避免“下跪”执法需要法治“搀扶”》，载《安徽日报》2015 年 9 月 8 日第 5 版。

39. 罗君临、孔令学：《十堰：打黑除恶一线面临新挑战》，载《人民公安报》2013 年 6 月 17 日第 5 版。

40. 李卓谦、汤瑜：《厉莉：把基层的问题和声音准确地传递出去》，载《民主与法制时报》2018 年 3 月 11 日第 4 版。

41. 陆建銮：《警察出庭作证将成常态》，载《广州日报》2012 年 12 月 28 日第 A4 版。

42. 廖兴存：《警察出庭作证与刑事被告人对质权的保障》，载《江苏警官学院学报》2011 年第 6 期。

43. 李忠诚：《关于拘传措施的改革与完善》，载《人民检察》2010 年第 7 期。

44. 林中明：《借款 4 万却莫名被套走 150 万——上海：集中公诉一批“套路贷”案件》，载《检察日报》2017 年 8 月 17 日第 1 版。

45. 龙宗智：《两个证据规定的规范与执行若干问题研究》，载《中国法学》2010 年第 6 期。

46. 牟绿叶：《比较法视野下侦查人员出庭作证的三种模式》，载《江西警察学院学报》2011 年第 6 期。

47. 马党库：《刑事诉讼中“情况说明”之于定案依据》，载《人民司法》2012 年第 21 期。

48. 马明亮：《论证据合法性的证明——兼评刑事诉讼法修正案（草案）的“说明情况”》，载《中国人民公安大学学报（社科版）》2012 年第 1 期。

49. 罗嫱：《试述刑事案件中的“情况说明”》，载《中国检察官》2010 年第 2 期。

50. 欧卫安：《论扭送》，载《中国刑事法杂志》1998 年第 6 期。

51. 史洪举：《“教科书式执法”获赞彰显最朴素的正义观》，载《民主与法制时报》2018 年 5 月 22 日第 2 版。

52. 孙长永：《审判中心主义及其对刑事程序的影响》，载《现代法学》1999 年第 4 期。

53. 孙政华：《“扭送”致人死亡的法律争议》，载《政府法制》2010 年第 12 期。

54. 苏宫新、李海明：《江苏公安发布首批 22 项现场执法标准》，载《江苏法制报》2017 年 11 月 2 日第 1 版。

55. 沈德咏：《我们应当如何防范冤假错案》，载《人民法院报》2013 年 5 月 6 日第 2 版。

56. 沈轩：《他该不该负刑事责任？——张德军见义勇为致歹徒伤亡被控犯罪》，载《政府法制》2006 年第 3 期。

57. 祁建建：《我国反恐刑事程序特别规定的完善》，载《中国法律》2014 年第 5 期。

58. 邱兴隆：《民间高利贷的泛刑法分析》，载《现代法学》2012 年第 1 期。

59. 沈德咏：《论以审判为中心的诉讼制度改革》，载《中国法学》2015 年第 3 期。

60. 上海市人民检察院：《“套路贷”，你被套路了吗？》，载《方圆》2017 年第 16 期。

61. 施坚轩：《本市检察机关集中公诉一批“套路贷”犯罪案件：“套路贷”套你没商量》，载《上海人大月刊》2017 年第 9 期。

62. 宋全成：《论自媒体的特征、挑战及其综合管制问题》，载《南京社会科学》2015 年第 3 期。

63. 宋世杰、杨柳：《扭送立法新论》，载《广西政法管理干部学院学报》2008 年第 2 期。

64. 宋英辉、张建港：《刑事程序中警、检关系模式之探讨》，载《政法论坛》1998 年第 2 期。

65. 石佑启：《深化改革与推进法治良性互动关系论》，载《学术研究》2015 年第 1 期。

66. 谭世贵、王琳:《关于建立我国警察作证制度的思考》，载《中国刑事法杂志》2003 年第5 期。

67. 汪海燕：《论刑事庭审实质化》，载《中国社会科学》2015 年第 2 期。

68. 汪建成、杨雄:《警察作证制度的理论推演与实证分析》，载《政法论坛》2003 年第 4 期。

69. 王齐畅、禹枫:《侦查人员不能以“情况说明”代替出庭》，载《检察日报》2014 年 1 月 19 日第 3 版。

70. 王秀梅、杜澎等:《惩治恐怖主义犯罪国际合作中的普遍管辖》，载《法学评论》2003 年第 4 期。

71. 王闲乐、施坚轩:《“套路贷”放贷者早就盯上借款人房产》，载《解放日报》2017 年 8 月 16 日第 5 版。

72. 吴秀玲、缪新涛：《规范立功问题相关“情况说明”的证据学进路》，载《安徽警官职业学院学报》2012 年第 4 期。

73. 万毅：《论瑕疵证据——以“两个〈证据规定〉”为分析对象》，载《法商研究》2011 年第 5 期。

74. 万毅、李勤等:《“两个证据规定”运行情况实证调研——以S 省 G 市地区法院为考察对象》，载《证据科学》2012 年第 4 期。

75. 吴杨泽:《规范刑事案卷中的“情况说明”》，载《人民检察》2010 年第 14 期。

76. 徐俊:《警察出庭作证的再思考》，载《江西公安专科学校学报》2008 年第 1 期。

77. 徐庭芳、邢佳慧等：《可怕的“套路贷”》，载《南方周末》2017 年 3 月 16 日第 6 版。

78. 夏阳：《浅谈刑事案件中的“情况说明”》，载《西南政法大学学报》2013 年第 4 期。

79. 夏瑜、周东生：《刑事案件“情况说明”的证据属性》，载

《检察日报》2011 年 7 月 5 日第 3 版。

80. 邢曼媛：《解读公安机关理性、平和、文明、规范执法》，载《山西高等学校社会科学学报》2011 年第 3 期。

81. 谢佑平、江涌：《论审前程序的律师辩护》，载《政治与法律》2005 年第 2 期。

82. 谢佑平：《“警察出庭作证”，各方尚未适应》，载《新京报》2013 年 6 月 15 日第 B05 版。

83. 邢志人：《中国反恐怖主义专门立法问题研究》，载《北京师范大学学报（社科版）》2015 年第 6 期。

84. 姚雪青、赵家新：《22 条铁规，严管任性民警》，载《人民日报》2017 年 11 月 2 日第 11 版。

85. 杨宇冠：《非法证据排除规则及其在中国确立问题研究》，载《比较法研究》2010 年第 3 期。

86. 于志刚：《“双层社会”中传统刑法的适用空间——以“两高”〈网络诽谤解释〉的发布为背景》，载《法学》2013 年第 10 期。

87. 赵秉志、杜邈：《刑法修正案（九）：法益保护前置织密反恐法网》，载《检察日报》2015 年 9 月 28 日第 3 版。

88. 张彬：《以新思维新方式建设“法治公安”》，载《人民公安报》2014 年 3 月 9 日第 1 版。

89. 张吉豫：《大数据时代中国司法面临的主要挑战与机遇——兼论大数据时代司法对法学研究及人才培养的需求》，载《法制与社会发展》2016 年第 6 期。

90. 张伟珂、李春华：《法治公安视域下公安执法规范化实证研究》，载《中国人民公安大学学报（社科版）》2015 年第 4 期。

91. 张晓东：《见义勇为反被诉犯罪　法院宣判张德军无罪》，载《法制日报》2005 年 12 月 8 日第 5 版。

92. 张祖建、陈玉强：《现场执法规范化建设要坚持和处理好三个结合——基于公安机关现场执法规范化建设的思考》，载《公安教育》2018 年第 1 期。

93. 中国政法大学刑事法律研究中心：《英国刑事诉讼制度的新发展——赴英考察报告》，载陈光中、江伟主编《诉讼法论丛》（第 2 卷），法律出版社 1998 年版。

94. 曾令良：《国际法发展的历史性突破——〈国际刑事法院规约〉述评》，载《中国社会科学》1999 年第 2 期。

95. 左卫民、马静华：《刑事证人出庭率：一种基于实证研究的理论阐述》，载《中国法学》2005 年第 6 期。

96. 左卫民：《改革开放与中国刑事诉讼制度的立法变革》，载《西南民族学学报（人文社科版）》2019 年第 4 期。

97. 朱孝清：《略论“以审判为中心”》，载《人民检察》2015 年第 1 期。

98. 智英：《起底“套路贷”：人为刀俎我为鱼肉》，载《检察风云》2018 年第 2 期。

三、外国学者著述

1. ［美］博登海默：《公正的审判：美国历史上刑事被告的权利》，杨明成、赖静译，商务印书馆 2009 年版。

2. ［美］伯尔曼：《法律与宗教》，梁治平译，中国政法大学出版社 2003 年版。

3. ［美］德雷斯勒、迈克尔斯：《美国刑事诉讼法精解（第四版）（第一卷 · 刑事侦查）》，吴宏耀译，北京大学出版社 2009 年版。

4. ［美］达马斯卡：《漂移的证据法》，李学军、刘晓丹等译，中国政法大学出版社 2003 年版。

5. ［美］达马斯卡：《比较法视野中的证据制度》，吴宏耀、魏晓娜译，中国人民公安大学出版社 2006 年版。

6. ［美］达马斯卡：《司法和国家权力的多种面孔：比较视野中的法律程序》，郑戈译，中国政法大学出版社 2015 年版。

7. ［美］杜兹纳：《人权的终结》，郭春发译，江苏人民出版社 2002 年版。

8. ［美］黄宗智：《清代的法律、社会与文化：民法的表达与实践》，上海书店出版社 2007 年版。

9. ［美］黄宗智：《过去和现在：中国民事法律实践的探索》，法律出版社 2009 年版。

10. ［美］黄宗智、尤陈俊主编：《历史社会法学：中国的实践法史与法理》，法律出版社 2014 年版。

11. ［美］卡多佐：《司法过程的性质》，苏力译，商务印书馆 1998 年版。

12. ［美］卡多佐：《法律的成长·法律科学的悖论》，董炯、彭冰译，中国法制出版社 2002 年版。

13. ［美］卡多佐：《法律的生长》，刘培峰、刘骁军译，贵州人民出版社 2003 年版。

14. ［美］凯普罗、吴宏耀评论：《美国联邦宪法第四修正案：搜查与扣押》，吴宏耀、向燕等译，中国人民公安大学出版社 2010 年版。

15. ［美］利奥：《警察审讯与美国刑事司法》，刘方权、朱奎彬译，中国政法大学出版社 2012 年版。

16. ［美］劳丹：《错案的哲学：刑事诉讼认识论》，李昌盛译，北京大学出版社 2015 年版。

17. ［德］拉德布鲁赫：《法学导论》，米健译，商务印书馆 2013 年版。

18. ［美］拉费弗、伊斯雷尔等：《刑事诉讼法》，卞建林、沙丽金等译，中国政法大学出版社 2003 年版。

19. ［美］莱斯格：《代码 2.0：网络空间中的法律》，李旭、沈伟伟译，清华大学出版社 2009 年版。

20. ［美］伦斯特洛姆编：《美国法律词典》，贺卫方、刘茂林等译，中国政法大学出版社 1998 年版。

21. ［美］帕克、萨克斯：《证据法学反思：跨学科视角的转型》，吴洪淇译，中国政法大学出版社 2015 年版。

22. ［美］斯黛丽、弗兰克：《美国刑事法院诉讼程序》，陈卫东、徐美君译，中国人民大学出版社 2002 年版。

23. ［美］斯特龙主编：《麦考密克论证据》（第 5 版），汤维建、付松江等译，中国政法大学出版社 2004 年版。

24. ［美］石子坚：《石警官美国巡警勤务详解》，中国人民公安大学出版社 2009 年版。

25. ［美］石子坚、朱华：《美国警察管理与执法规范详解》，中国人民公安大学出版社 2015 年版。

26. ［美］虞平、郭志媛编译：《争鸣与思辨：刑事诉讼模式经典论文选译》，北京大学出版社 2013 年版。

27. ［英］艾斯沃斯：《警察工作中的心理学》，安福元、庄东哲译，中国轻工业出版社 2007 年版。

28. ［英］丹宁勋爵：《法律的正当程序》，李克强、杨百揆等译，法律出版社 2010 年版。

29. ［英］霍奇森：《法国刑事司法：侦查与起诉的比较研究》，张小玲、汪海燕译，中国政法大学出版社 2012 年版。

30. ［英］哈耶克：《自由秩序原理》，邓正来译，生活·读书·新知三联书店 1997 年版。

31. ［英］哈耶克：《通往奴役之路》，王明毅、冯兴元等译，中国社会科学出版社 1997 年版。

32. ［英］库恩：《作为社会规训的警务》，左朝霞、王蓓等译，南京出版社 2013 年版。

33. ［英］乔伊斯：《警务发展与当代实践》，曹志建译，知识产权出版社 2015 年版。

34. ［英］斯普莱克：《英国刑事诉讼程序》（第 9 版），徐美君、杨立涛译，中国人民大学出版社 2006 年版。

35. ［英］特文宁：《证据理论：边沁与威格摩尔》，吴洪淇、杜国栋译，中国人民大学出版社 2015 年版。

36. ［德］黑格尔：《法哲学原理》，范扬、张企泰译，商务印书馆 1961 年版。

37. ［德］黑格尔：《小逻辑》，贺麟译，商务印书馆 1980 年版。

38. ［德］考夫曼：《法律获取的程序：一种理性分析》，雷磊译，中国政法大学出版社 2015 年版。

39. ［德］科劳斯·缇德曼：《德国刑事诉讼法导论》，宗玉琨译，载宗玉琨译注《德国刑事诉讼法典》，知识产权出版社 2013 年版。

40. ［德］拉德布鲁赫：《法学导论》，米健译，商务印书馆 2013 年版。

41. ［德］克劳思·罗科信：《刑事诉讼法》（第 24 版），吴丽琪译，法律出版社 2003 年版。

42. ［德］拉伦茨：《法学方法论》，陈爱娥译，商务印书馆 2003 年版。

43. ［德］毛雷尔：《行政法学总论》，高家伟译，法律出版社 2000 年版。

44. ［德］萨维尼：《论立法与法学的当代使命》，许章润译，中国法制出版社 2001 年版。

45. ［德］萨维尼、格林：《萨维尼法学方法论讲义与格林笔记》，杨代雄译，法律出版社 2008 年版。

46. ［德］魏根特：《德国刑事诉讼程序》，岳礼玲、温小洁译，中国政法大学出版社 2004 年版。

47. ［法］布洛克：《法国刑事诉讼法》（第21版），罗结珍译，中国政法大学出版社2009年版。

48. ［法］福柯：《规训与惩罚：监狱的诞生》，刘北成、杨远婴译，生活·读书·新知三联书店1999年版。

49. ［法］孟德斯鸠：《论法的精神》，张雁深译，商务印书馆1961年版。

50. ［法］斯特法尼、勒瓦索等：《法国刑事诉讼法精义》，罗结珍译，中国政法大学出版社1999年版。

51. ［日］千叶正士：《法律多元：从日本法律文化迈向一般理论》，强世功、范愉等译，中国政法大学出版社1997年版。

52. ［日］松井茂：《警察学纲要》，吴石译，中国政法大学出版社2005年版。

53. ［日］松尾浩也：《日本刑事诉讼法》，丁相顺译，中国人民大学出版社2005年版。

54. ［日］田口守一：《刑事诉讼法》（第5版），张凌、于秀峰译，中国政法大学出版社2010年版。

55. ［日］田口守一：《刑事诉讼的目的》，张凌、于秀峰译，中国政法大学出版社2011年版。

56. ［俄］古岑科主编：《俄罗斯刑事诉讼教程》，黄道秀、王志华等译，中国人民公安大学出版社2007年版。

57. ［意］奈尔肯：《比较刑事司法：理解差异》，李强译，清华大学出版社2013年版。

58. ［澳］迪克逊：《警务中的法则：法律法规与警察实践》，薛向君、罗瑞林等译，南京出版社2013年版。

59. Alex P. Schmid，Albert J. Jongman et al.，Political Terrorism，Amsterdam：North－Holland Publishing Company，1988.

60. Cass R. Sunstein，Risk and Reason：Safety，Law，and the En-

vironment, Cambridge University Press, 2002.

61. Christian Much, The International Criminal Court (ICC) and Terrorism as an International Crime, 14 Mich. St. J. Int'I L 121 (2006).

62. Doreen J. McBarnet. Conviction: Law, the State and the Construction of Justice. London: Macmillan Publishers Ltd., 1981.

63. Egon Bittner, The Police on Skid Row, American Sociological Review, 1967, 32 (5).

64. Hebert L. Packer. The Courts, the Police, and the Rest of Us. Journal of Criminal Law Criminology & Police Science, 1966, 57 (3).

65. John N. Ferdico, Criminal Procedure, West Publishing Company, 1989.

66. Kevin E. Lunday, Harvey Rishik of, Due Process Is A Strategic Choice: Legitimacy and The Establishment of An Article Ⅲ National Security Court, 39 Cal. W. Int'l L. J. 87, 89, 90 (2008).

67. Norman Abrams, Anti – Terrorism and Criminal Enforcement, Thomson Reuters, 2012.

68. Rolando V. Del Carmen, Criminal Procedure: Law and Practice (6th Edition), Thomson Learning, 2004.

69. Stephen C. Thaman, "Fruits of the Poisonous Tree" in Comparative Law, 16 Sw. J. Int'l L. 333, (2010).

后记

本书是笔者在刑事诉讼法和证据法领域的处女作。由于近年来我国正处在新一轮司法体制改革的大潮中，做该领域研究自然不能置身度外，故书名曰“改革进程中的”。起先，我把书取名为《刑事诉讼的“中心”与“边缘”》，尽管因各种原因未能使用这个书名，但笔者还是更钟情于此书名。

这本书并非“一气呵成”，但却是我2011年9月工作以来在该领域持续思考的结果。在这个过程中，每确定一个章节的题目，就必须认真思考、查阅文献资料再创作，最终把这些作品集结成了这本书。由于笔者在公安院校当老师，具有“人民警察+人民教师”的身份，又从事法学教学科研工作，习惯性地带着警察的职业色彩开展一些公安学方面的研究。本书的形成，实际上也是笔者学术研究领域的转向过程，现在总算对自己有了一个清晰的阶段性交待。

工作后，我当过老师，干过教研室主任、校改革办副主任，起草过领导讲话稿，编制过学校章程、发展规划，代重庆市公安局起草过校局合作共建、人民警察招录培养改革等文件材料，2014年还被重庆市公安局警令部研究室抽调工作了近1年时间，主要进行公文材料撰写；2017至2018年又在重庆市公安局法制总队挂职担任了1年副总队长，主要从事公安法制工作；自2014年起还受聘重庆市警察协会特邀研究员，主要从事公安理论调研。或许正是这些复杂的“警察”经历，使我初步认识了“公安”，结识了朋友，帮助笔者在政治上逐渐成熟，在学术上慢慢成长，在工作中得到历练。

当然，学术研究毕竟不同于行政工作，它有独立的品性。正如有人所说，学术研究贵在求真、求新、求深，这就需要在严谨治学精神的指引下进行广泛地阅读，深入地研读，安静地思考，逻辑地成文，需要观察、了解和反思现实，需要对具体问题进行理论的升华，不被干扰、不被搁置、不被中断。否则，一旦没有了“学术感觉”，便会无法研究创作。这一点是很多没有经历过学术训练的人难以理解的，笔者在应届脱产攻读硕博学位时也曾不解，工作后方才后觉。这些年，笔者受命一边做老师，一边干行政，尽管两者并不相及，但笔者大多数时候坚持了自己的原则，尽量排除各种干扰，打起精神，保持住那份学术感觉，坚持自己的路径和方法，一路走了下来。

在这一路上要感谢的人实在太多。首先得感谢重庆警察学院各级领导的关心、关爱和支持，否则书稿无法顺利出版。博士研究生导师方慧教授曾告诉笔者，“要做研究就必须坐冷板凳”，缺乏这种信念支撑，学术研究就难以坚持。感谢警界前辈孙进对笔者的教导，他刚直的品质，独特的思维，总是给人强烈的冲击，让人记忆深刻。感谢同事加挚友王喆，他的真诚和敬业精神，以及对刑法的专注令人敬仰。感谢云南大学胡兴东教授、西南政法大学赵天宝教授，他们两位都是笔者的师兄，对笔者学术、工作和生活上的帮助和提携很多。感谢云南大学张育副教授、王振刚副教授，湖南商学院陈立周博士，他们都是一起读书、谈天交流的重要学友。感谢重庆市公安局、重庆警察学院及法学部的同事们，感谢师兄弟姐妹、同学们长期以来对笔者的支持和帮助。感谢中国人民公安大学出版社的编辑老师，正是他们细致的编校，才确保了书稿的质量。本书内容曾刊发在一些期刊上，在此对这些期刊单位表示衷心的感谢。最后，还必须感谢我的父母、妻子、女儿及其他亲属，没有他们的支持，笔者将无法集中精力进行学术研究。

谦虚做人，踏实做事。笔者将按照自己的这个座右铭，守望内心，在学术道路上坚持走下去。

谢 波

2019 年 8 月 13 日